U0532701

诗歌
散文

梁从诚
— 编 —

林徽因集

增订本

中国大百科全书出版社

图书在版编目（CIP）数据

林徽因集.诗歌 散文/林徽因著；梁从诫编.—增订本.—北京：中国大百科全书出版社，2023.10
ISBN 978-7-5202-1394-3

I.①林… II.①林…②梁… III.①林徽因（1904-1955）—文集 ②诗集—中国—现代 ③散文集—中国—现代 IV.① Z427

中国国家版本馆 CIP 数据核字 (2023) 第 131387 号

出 版 人：刘祚臣
策 划 人：王一珂 曾 辉
责任编辑：王一珂
营销编辑：王 廓 易希瑶
责任发行：绳 蕴
责任印制：魏 婷
装帧设计：今亮後聲 HOPESOUND 2580590616@qq.com・张今亮 王秋萍
出版发行：中国大百科全书出版社
地　　址：北京阜成门北大街17号　邮政编码 100037
电　　话：010-88390969
网　　址：http://www.ecph.com.cn
印　　刷：北京天工印刷有限公司
开　　本：889 毫米 ×1194 毫米　1/32
印　　张：10.5
字　　数：234 千字
印　　次：2023 年 10 月第 1 版　2023 年 10 月第 1 次印刷
书　　号：ISBN 978-7-5202-1394-3
定　　价：356.00 元（《林徽因集》全套）

本书如有印装质量问题，可与出版社联系调换。

小红丹

《林徽因像》
  手工钢版雕刻：李学军

一九〇七年，三岁时的林徽因

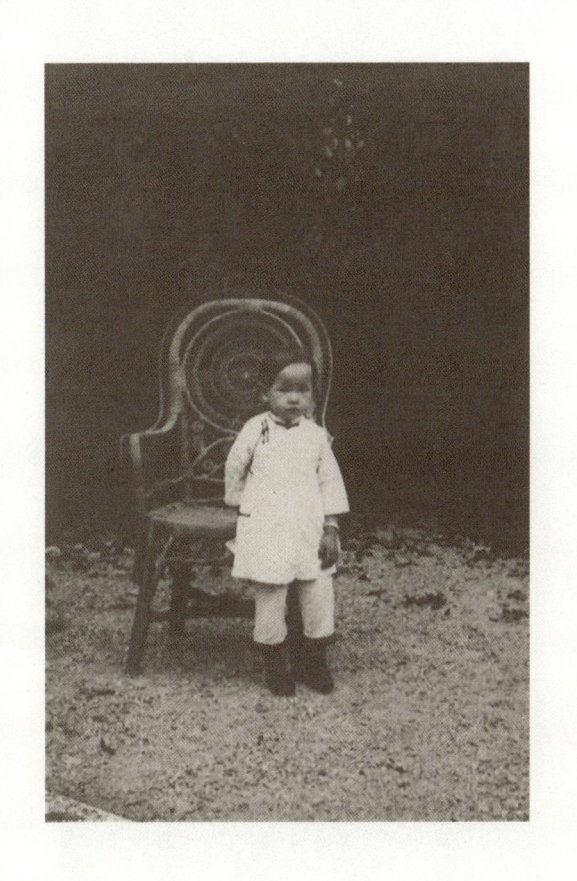

一九一〇年，林徽因（中）与父亲林长民（右一）、妹妹麟趾在杭州

一九一二年，林徽因与姊妹们。左起：林徽因、曾语儿、王次亮、麟趾、王孟瑜。林长民在卡纸上题字："壬子三月，携诸女甥、诸女出游，令合照一图。麟趾最小。握其手，衣服端整、身亭亭者，王孟瑜。衣袖裹积，貌圆张目视者，瑜妹次亮。长面、发覆额最低者，语儿曾氏。徽音白衫黑袴，左手邀语儿，意若甚昵；实则两子俱黠，往往相争，果饵调停，时时费我唇舌也。瑜、亮，大姊出；语儿，四妹出；徽、趾，吾女。趾五岁，徽九岁，语十一，亮十二，瑜十四，读书皆慧。长民识"

一九一六年，林徽因在北京

一九一六年,林徽因与表姊妹们身着培华女子中学校服合影。左起:王孟瑜、王次亮、曾语儿、林徽因

一九二〇年，林徽因乘 Paul Lecat 轮在赴欧途中与同船旅客 Hekking 女士合影

一九二〇年，林徽因在伦敦

一九二〇年，林徽因在伦敦

一九二〇年，林徽因在伦敦

一九二〇年，林徽因与父亲林长民在伦敦

一九二〇年，林徽因与父亲林长民在伦敦

一九二〇年，林徽因与父亲林长民在伦敦寓所进餐

一九二〇年，林徽因在伦敦寓所壁炉边读书

一九二〇年，林徽因在伦敦

一九二〇年，林徽因在伦敦

一九二〇年，林徽因在伦敦

一九二〇年，林徽因在伦敦

一九二〇年，林徽因在伦敦

一九二〇年七月,欧游期间的林徽因在意大利威尼斯圣马可广场

一九二〇年七月,欧游期间的林徽因在意大利威尼斯圣马可广场

二十世纪二十年代初,林徽因与表姐王孟瑜在北京景山后街雪池胡同家中

二十世纪二十年代初,林徽因在北京景山后街雪池胡同家中

一九二二年，林徽因在北京景山后街雪池胡同家中

一九二二年，林徽因与梁思成在北京景山后街雪池胡同家中

一九二二年，林徽因、梁思成与母亲何雪媛在北京景山后街雪池胡同家中

二十世纪二十年代中期,林徽因、梁思成(左一)与李宜果(左二)、王孟瑜(左三)、曾雨儿(左五)等在北京西单石虎胡同七号新月社院内

一九二四年四月二十五日，林徽因（右三）、梁启超等与泰戈尔在北海松坡图书馆前

一九二四年四月二十五日，林徽因（前排右四）、梁启超等与泰戈尔在北海松坡图书馆前

一九二四年四月二十七日，林徽因与泰戈尔在紫禁城御花园

一九二四年四月二十七日，林徽因与泰戈尔等印度客人在紫禁城御花园

一九二四年四月，林徽因与泰戈尔等在北京景山庄士敦家门前。前排（坐）：泰戈尔（左）、颜惠庆（右），立者（自左至右）：徐志摩、任萨姆、×××、伽梨陀莎·那伽、林徽因、恩厚之、庄士敦、沈摩汉、润麒、难达婆薮

一九二四年四月，林徽因（左一）与泰戈尔、徐志摩、恩厚之等在北京景山庄士敦家门前

一九二四年四月，林徽因、梁思成与泰戈尔在北京

一九二四年四月,林徽因与梁思成、徐志摩、泰戈尔、恩厚之、林长民等在北京

一九二四年四月，林徽因、徐志摩与泰戈尔在北京

一九二四年五月八日,为庆祝泰戈尔六十四岁生日,林徽因饰演泰戈尔诗剧《齐德拉》中的公主

一九二四年五月八日,为庆祝泰戈尔六十四岁生日,林徽因饰演泰戈尔诗剧《齐德拉》中的公主

二十世纪二十年代中期,林徽因与梁启超、梁思庄(中)在长城

二十世纪二十年代中期，林徽因（中）与梁思成（左一）、梁思庄在明十三陵

二十世纪二十年代中期的林徽因

一九二五年，林徽因（后）与冰心在美国绮色佳

一九二八年三月，林徽因身着自己设计的、具有中国特色的结婚礼服在加拿大渥太华留影

一九二八年三月，林徽因身着自己设计的、具有中国特色的结婚礼服与梁思成在加拿大渥太华留影

一九二八年，蜜月中的林徽因在法国

一九二八年，蜜月中的林徽因在法国阿尔勒竞技场

一九二八年，蜜月中的林徽因在法国凡尔赛宫

一九二八年，蜜月中的林徽因在意大利罗马哈德良离宫

一九二八年，蜜月中的林徽因在意大利罗马埃斯特庄园喷泉旁

一九二八年，蜜月中的林徽因在意大利罗马斗兽场

一九二八年，蜜月中的林徽因与梁思成在意大利罗马

一九二八年，蜜月中的林徽因与梁思成在旅欧途中

一九二八年，蜜月中的林徽因在旅欧途中

一九二八年，蜜月中的林徽因在旅欧途中

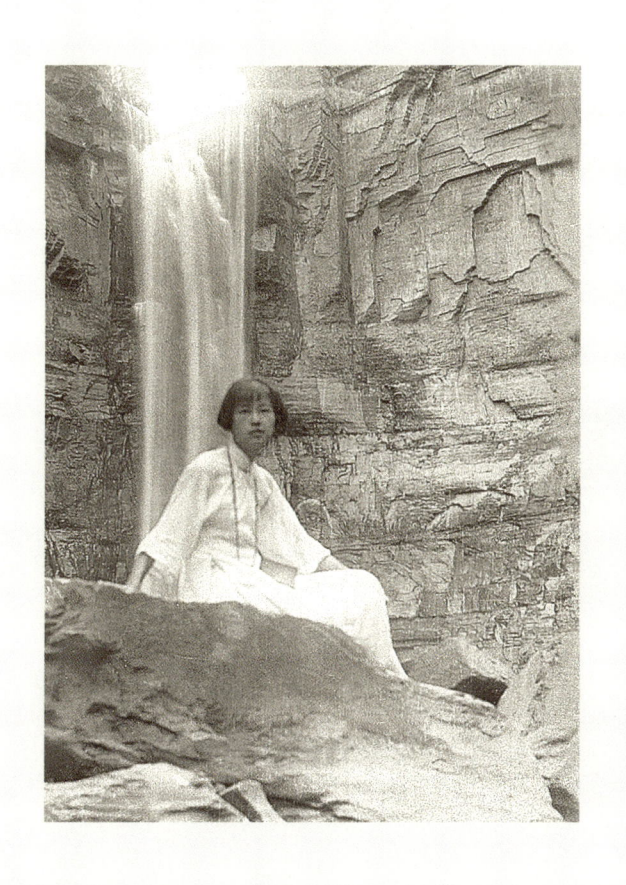

一九二八年，林徽因回福州期间，与亲戚在父亲林长民创办的法政学堂前合影

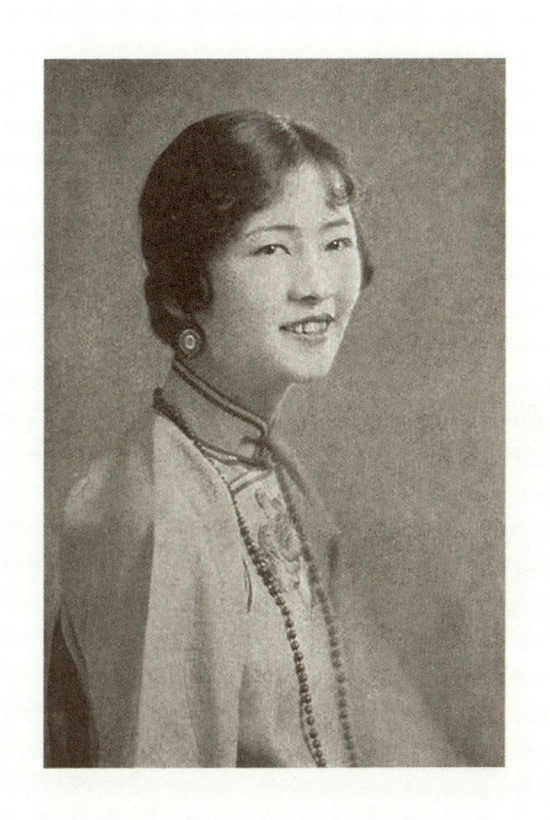

一九二八年，林徽因在北平

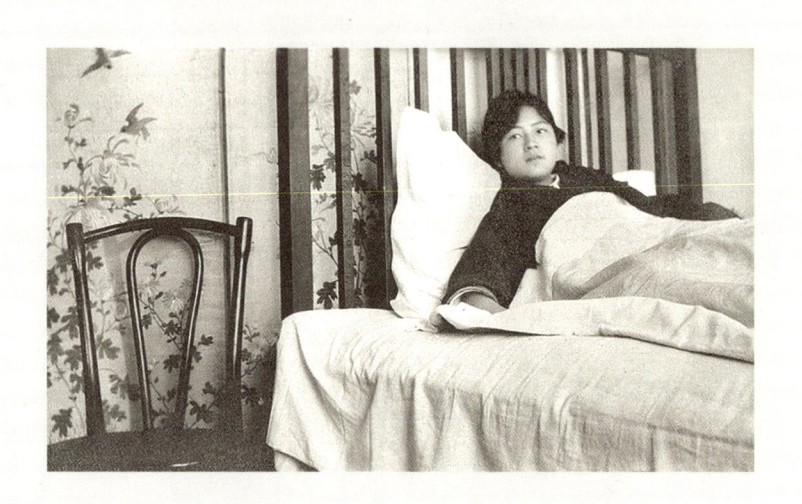

一九二九年八月,初为人母的林徽因在沈阳

一九二九年秋,林徽因怀抱出生二十七天的女儿梁再冰在沈阳

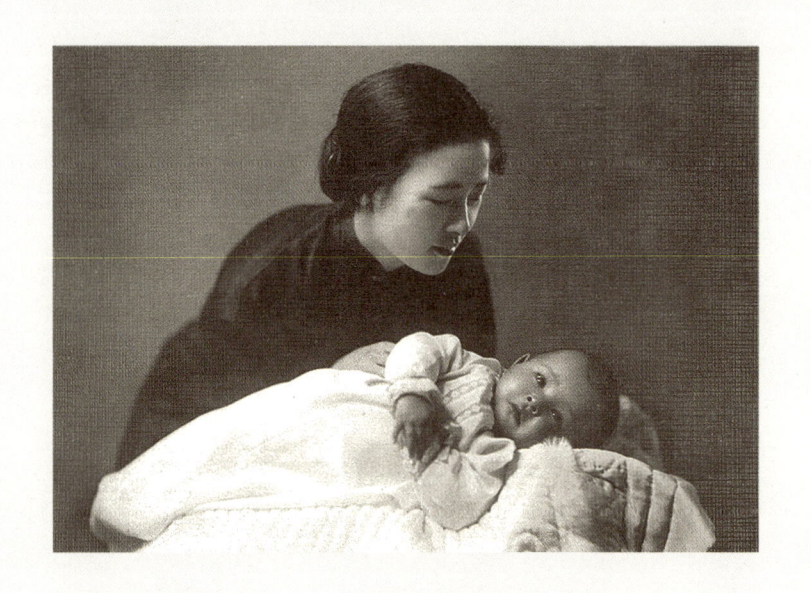

一九二九年，林徽因与女儿梁再冰在沈阳

一九二九年，林徽因与梁思成、母亲何雪媛、
女儿梁再冰在沈阳

一九二九年，林徽因与女儿梁再冰在沈阳

一九三〇年，林徽因与梁思成在国内补拍的结婚照

一九三〇年，林徽因与梁思成、母亲何雪媛

一九三一年，林徽因与女儿梁再冰在北平香山双清别墅不远处三间平房院内

一九三一年，林徽因与女儿梁再冰在北平香山

一九三一年，林徽因（右二）与梁思成（右一）、女儿梁再冰（右三）等在家中

一九三一年六月,林徽因与沈从文在北平达园

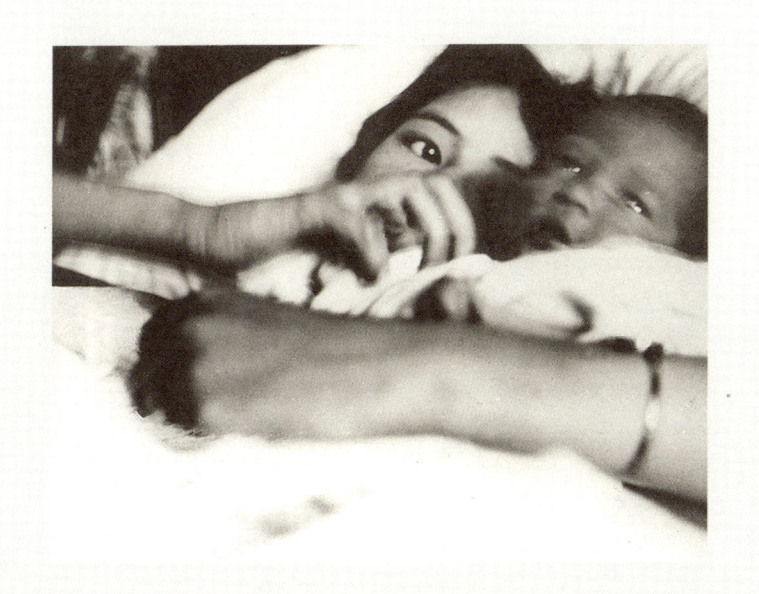

一九三二年，林徽因与刚出生的儿子梁从诫

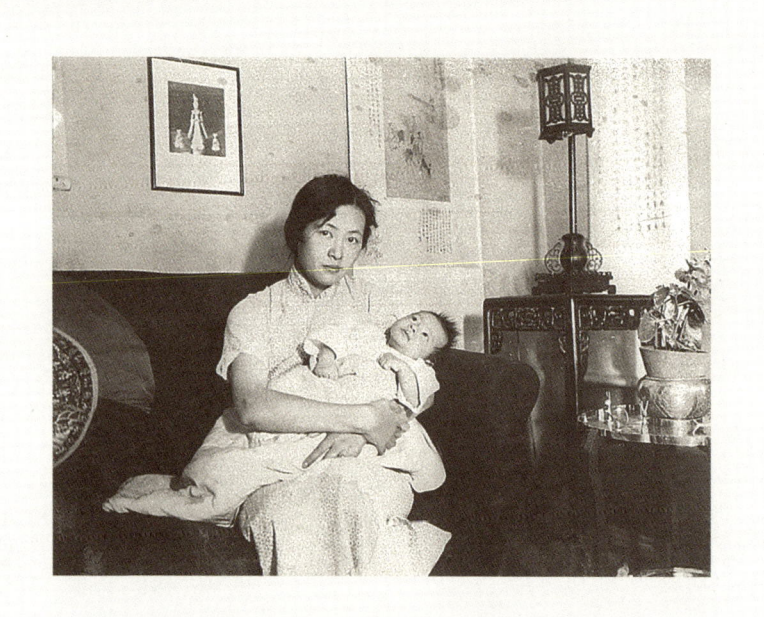

一九三二年，林徽因怀抱出生不久的儿子梁从诫

一九三二年，林徽因与女儿梁再冰

一九三二年,林徽因与女儿梁再冰、儿子梁从诫

一九三二年，林徽因（右四）与梁思庄（右一）、陈意（右五）、雷洁琼（右三）、女儿梁再冰（前立者）在燕京大学南阁前

一九三三年前后，林徽因与女儿梁再冰、儿子梁从诫

一九三三年前后，林徽因与女儿梁再冰、儿子梁从诫

一九三四年，林徽因在北平北总布胡同三号家中

一九三四年夏,林徽因在北平北总布胡同三号家中写作

一九三四年夏,林徽因在山西峪道河磨坊写作

一九三四年秋，林徽因、梁思成与费正清（右二）、费慰梅（右四）、金岳霖（右五）在北平北总布胡同三号家中

一九三四年十一月，林徽因与梁思成在南京

一九三四年十一月，林徽因在南京

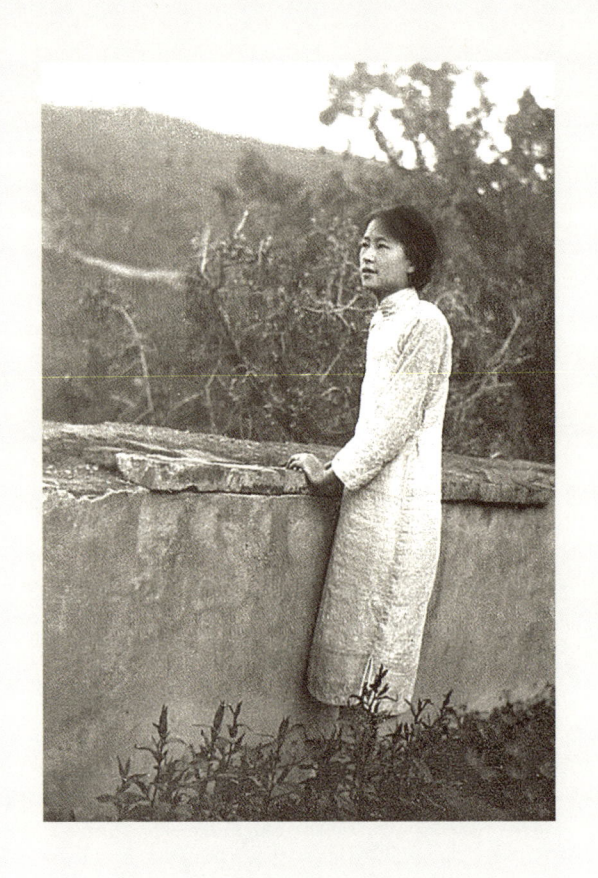

一九三五年春，在香山养病的林徽因

一九三五年，林徽因与金岳霖、费慰梅、费正清、女儿梁再冰等在天坛

一九三五年，林徽因在北平北总布胡同三号家中

一九三五年，林徽因在北平北总布胡同三号家中

一九三五年秋，林徽因在北平

一九三五年冬，从朝阳门外骑马归来的林徽因

一九三五年冬，从朝阳门外骑马归来的林徽因

二十世纪三十年代，林徽因在北平北总布胡同三号家中

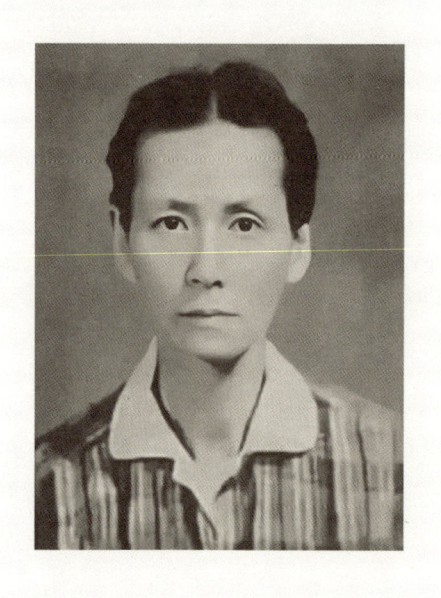

一九五三年九月，林徽因在《全国文学艺术工作者第二次代表大会在京代表报到表》上使用的照片

你来了,

你来了,画里楼阁立山边,
交响曲由风到风,草季到天,
阳光投多久个方向,谁管?你我
如同画里人,掉回头便就不见!

你来了,花间到唇的深红,
绿净连住地块上一层晓梦,
鸟唱着,树梢又织着枝柯白云
却是我们总忽翻迴载重天空!

一九三四

山中一个夏夜。

山中有一个夏夜,深得
像没有底一样,
黑影,松林密密的,
週围没有点光亮。

对山闪着只一盏灯——两盏,
像夜的眼,夜的眼在看!

满山的风全蹑着脚,
像星子来铛一样,

林徽因诗作《山中一个夏夜》《你来了》手迹

灵感

是诗是花，是梦打这儿过，
此刻像风在摇动着我；
告诉日子重叠盘的山高，
清泉涧淌，流转得红叶的河，
孤僻林里闲闲着鲜妍花，
细香常伴着圆月静天里挂；
且有神的秘钥开的漫天繁星，
珍瑶颗颗映影在溪水间，
铃香花，心心合着唱，
给人理想和理想；
直到鉴现钤花成陈银河，
长流在天上一千首歌。

是你是花，是梦打这里见过，
此刻像风在摇动着我。
告诉日子是这样想不到清丽，
当甲涧零着想不到清哳，
树枝捏弄着握不住一串铃，
低偏问的斜阳又一排光辉，
斜怪涧间人无探黄香脚下草，
高阁古松望着入点骑做，
留下檀香木鱼合掌，
在抑龙尚，在蒲团上，
楼外又楼幻想羽霓初叠成
凤凰椆衔扯起了塔项上幡！

二四三十月岁用作悲苦

深笑

是谁笑得那样甜，那样深，
那样圆转，一串一串明珠
大小闪着光亮，迸出天真！
清泉底浮动，泛流到水面上，
灿烂！

是谁笑得好花儿开了一朵？
那样轻盈不惊起谁。
细香无意中，逗着风过，
拂在短墙，绿，左斜阳前
挂着
昏恋。

是谁笑成这百层塔高耸，
让不知名鸟雀来盘桓？是谁
笑成这万千个风铃的转动，
从每一层琉璃的檐边
摇上
云天？

林徽因诗作《灵感》《深笑》手迹

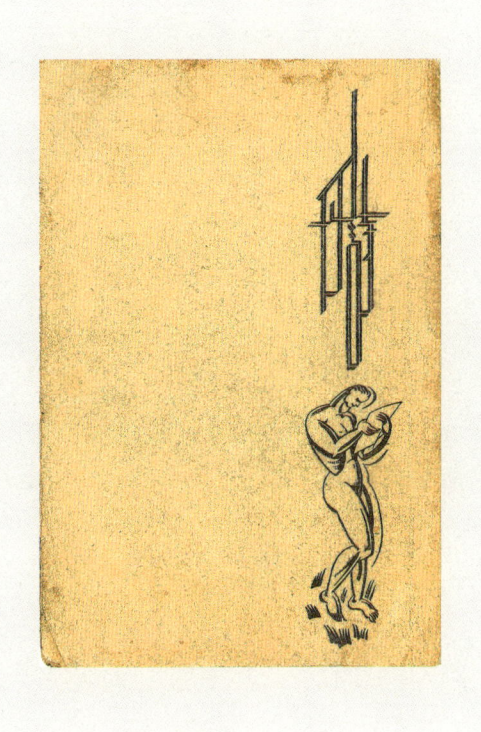

一九三一年四月《诗刊》第二期
（刊有林徽因诗作《别丢掉》）

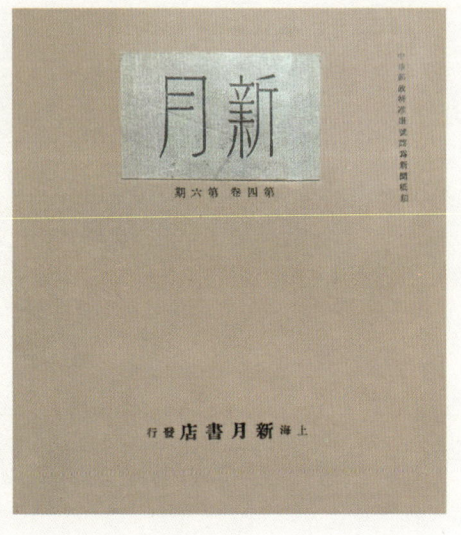

左 《新月诗选》(陈梦家编,一九三一年九月新月书店初版。刊有林徽因诗作《笑》《深夜里听到乐声》《情愿》《仍然》)

右 《新月》第四卷第六期(一九三三年三月一日,刊有林徽因诗作《莲灯》《中夜钟声》)

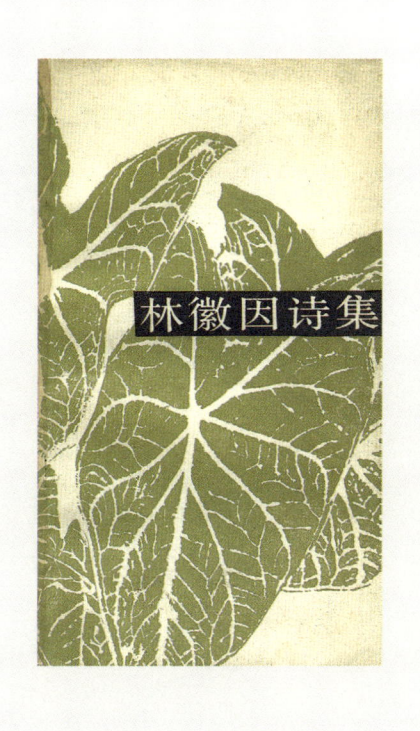

第一本林徽因作品集——《林徽因诗集》
（一九八五年人民文学出版社初版）

左 《中国现代作家选集·林徽因》(陈钟英、陈宇编,一九九二年人民文学出版社初版)

右 《中国现代作家选集·林徽因》(陈钟英、陈宇编,一九九二年人民文学出版社·香港三联书店初版)

代序

建筑家的眼睛
诗人的心灵

梁从诫

原载于一九八三年《读书》杂志第二期,本集将其收入,作为代序。

一座低低的石墓,默默地隐在北京八宝山革命烈士陵园一个僻静的角落里。墓碑上的姓名,在那连死者都不能不呻吟的年月中被人毁去了,只留下一方已经黯淡缺损,但总算幸存下来了的汉白玉,上面镌刻着一簇有着浓厚的民族韵味、丰满而又秀丽的花圈。偶来的凭吊者很少会知道,这花圈原是为天安门前人民英雄纪念碑设计的,是那碑座上雕饰的一个刻样。一九五五年,它被移放到这座墓前,作为一篇无言的墓志,纪念着它的创作者,墓的主人——女建筑学家和诗人林徽因。*林徽因墓今已修复。

林徽因(早年写作徽音)一九〇四年生于福建闽侯一个官僚知识分子家庭。童年时全家迁居北京。当还是一位少女的时候,她在文学和艺术方面的敏感和能力就引起了人们的注意。一九二〇年,林徽因随父亲去英国。一年后回国时,这个中国女中学生典雅的英语和对英国文学的修养曾使她的英国教师们称赞不已,而她那热情的性格和长于审美的气质也吸引了不少比她年长的新文学界朋友。在英国期间，由于一位同窗英国姑娘的影响，她开始对建筑艺术发生兴趣。

二十年代初，林徽因结识了著名的维新派政论家、学者梁启超先生的长子，当时的清华学生梁思成。在这两个年轻的艺术爱好者之间，很快就建立起了亲密的友情。不久，他们先后来到美国，就读于宾州大学，并共同决定要以建筑学为终生事业。由于当时这所大学的建筑系不收女生，林徽因只得入该校美术学院，但选修的主要却是建筑系的课程。一九二七年，她以学士学位毕业于美术学院；同年，梁思成获得建筑系硕士学位。此后，她又转入著名的耶鲁大学戏剧学院，在 G.P. 贝克教授的工作室中学习舞台美术设计，成为我国第一位在国外学习舞美的学生。一九二八年，这一对新婚的同行回到了祖国。

虽然人们常常把林徽因说成是一位诗人、文学家，但实际上，从整个一生来说，文学创作并不是她的主要事业。三十年代，在梁思成作为一个年轻、热情的建筑学家所进行的对中国古代建筑的开创性的科学研究活动中，林徽因始终是他最密切、最得力的合作者之一。她不仅陪同梁思成多次参加了对河北、山西等地古代建筑的野外调查旅行，而且还同梁思成合作或单独撰写了调查报告多篇，发表在专门的学术刊物——《中国营造学社汇刊》上。它们至今仍被这个行业的专家们认为具有很高的学术价值；而她为我国古代建筑技术的重要工具书《清式营造则例》所写的"绪论"，可以说已成为这个领域中所有研究者必读的文献了。

然而，严肃而又十分专门的科学研究工作并没有限制林徽因文学家的气质。相反，这两个方面在她身上总是自然结合、相得益彰的。她所写的学术报告独具一格，不仅有着严谨的科学性和技术性内容，而且总是以奔放的热情，把她对祖国古代匠师在建筑技术和艺术方面精湛的创造的敬佩和赞美，用诗一般的语言表达出来，使这些报告的许多段落读起来竟像是充满了诗情画意的散文作品。

也是在三十年代，林徽因在学术研究活动之外，开始发表一些文学作品，包括中、短篇小说，剧本，散文和诗。数量虽然不多，却引起了读者相当的反响。

虽然出身于旧式的上层家庭并生活于优裕的环境，但可贵的是，林徽因确实表现出某种突破自身局限的倾向。她早期的几篇文学作品，如小说《九十九度中》，散文《窗子以外》《吉公》和未完成的多幕剧《梅真同他们》等，从一个侧面分明地反映出当时中国社会的阶级分野以及由此而来的各个领域中的矛盾和斗争。尽管她所表现的主题和人物同当时真正严酷的社会现实和矛盾的焦点还有着很大的距离，但从中却可以看出她对自己"窗子"以外的生活的探索和追求。她的感情也是分明的：一切同情都在被压迫、被损害的弱者的一边，而对那些权势者，不论是"旧派"的还是"洋派"的，即或是以"文化人"面目出现的也罢，都投之以直率的敌意和鄙薄。她个人的生活背景，使她对后者的揭露和批判，虽然还谈不上有革命的含义，却表现了一种特有的深刻性和说服力。而且，也许正因为她不是出自对某种政治伦理的概念化的追求，反而使她所表达的爱和憎显得格外真诚而自然。这一切，使她的这一部分作品完全不能同被有些人讥为"客厅文学"的那类东西相提并论。

同样难得的是，以林徽因那样的社会处境，却能够相当清醒地意识到自己同广大劳动人民之间的隔膜，孕育着一种要走向人民的愿望。多次在华北农村地区进行的古建筑野外调查，使她有机会亲眼看到当时那些偏僻农村中困苦的生活，多少体会到劳动者的艰辛、质朴和憨厚。她对他们充满了同情，但又发觉自己同他们之间有着一道她在当时还不能理解也无法逾越的无形的墙，于是写下了以这种矛盾心情为基调的散文《窗子以外》。

林徽因曾以诗闻名于当时的文学界。但她的诗却和上面谈到的其它作品有所不同。如果说，她通过自己的小说、剧本和散文，是有意识地要对当时她所观察到的社会现实有所反映的话，那么，她的早期诗作，除少数几首曾表露了对民族命运所怀的忧患感和深沉的爱国心之外，更多地却是以个人情绪的起伏和波澜为主题的，探索着生活和爱的哲理；是一种恬静生活中内向的精神发掘，因而其社会意义不如前一类作品那样显著，题材也显得比较狭窄。她的诗之所以受到一些读者的赞赏，主要是因为诗中所流露的情感的真挚、细密和纯净，以及在表现形式上和手法上的清新和完美。她在诗中所用的语言，明快而隽永，常能准确、生动地捕捉和描绘出瞬息即逝的意境的幻动和思绪的微妙变化，并有着鲜明的韵律性。特别是在她自己朗读的时候，常常像是一首首隐去了曲谱的动听的歌。她的诗，又长于用写景的手法来抒情。尤其具有特色的是，她对中国古代建筑的了解、热爱和她在美术方面的修养，常常使她的作品中出现对建筑形象和色彩的描绘，或以之作为文学上的比喻。例如，在她的诗《深笑》中，人们就可以读到这样的句子：

是谁笑成这百层塔高耸,
让不知名鸟雀来盘旋?是谁
笑成这万千个风铃的转动,
从每一层琉璃的檐边

　　摇上

云天?

在写于抗日战争初期的《昆明即景》中,她曾把当地民居底楼高八尺、二层高七尺的典型制式也纳入了自己的诗句:

那上七下八临街的矮楼,
　半藏着,半挺着,立在街头,
瓦覆着它,窗开一条缝,
夕阳染红它,如写下古远的梦。
……

这一切,使她的诗别具一格,在我国白话诗的园地里,走了一条旁人没有走过的路。

同他们那个时代的大多数留学生一样,林徽因虽然在国外留学多年,却有着强烈的民族感情。她和梁思成在美国攻读建筑学期间,读到的是欧洲建筑史:古希腊、罗马建筑的遗迹,西欧哥特式、罗柯柯式的宫宇、教堂,几乎每一处拱门、每一根石柱,都有着详尽的记载和分析;而中国建筑,那无数古朴的寺庙、辉煌的宫殿,在西方建筑界眼中,却像是不存在一样。对中国古建筑稍微认真一点的论述，甚至要到日本学者的著作中去寻找！这种情况，正是激励他们立志用现代科学技术的观念来系统研究中国古代建筑的一个基本的推动力。然而，当这项事业刚刚开始不久，日本侵略者的铁蹄就踏遍了我国华北的大片土地，他们的研究工作被迫中断了。一九三七年七月，当日寇的炮火在卢沟桥畔响起的时候，林徽因正和梁思成在山西五台山地区进行野外调查。当他们由于在深山里发现了国内最古老的一座木结构建筑——建于唐代的佛光寺大殿而欣喜万分的时候，却传来了战争爆发的可怕消息。由于正太铁路已不通，他们历尽艰辛才辗转回到日军已兵临城下的北平。这时，林徽因曾用大而整齐的字体给正随亲戚在外地过暑假的八岁的女儿写信说："如果日本人要来占北平，我们都愿意打仗……我觉得现在我们做中国人应该要顶勇敢，什么都不怕，什么都顶有决心方好。"

此后不久，林徽因、梁思成便全家离开了已经沦陷的北平，跋涉数千里，迁到了昆明。在途经长沙时，日寇的飞机曾把他们的住处炸成一片瓦砾，全家人仅以身免。一九四一年冬，他们又从昆明迁到了四川宜宾附近一个偏远的江村。

八年抗战，艰难的生活、飞腾的物价、日寇的空袭、不断的"逃难"、越来越差的生活条件，使林徽因肺病复发。从一九四一年起，她就经常发烧卧床，从此再没有享受过健康人的欢乐。然而这一切，都没有能遏止住她在精神上的创造活动。这个时期，她基本上已经无暇从事认真的文学创作了。在这方面，除了若干诗稿之外，已没有什么重要的作品。但是，战时"大后方"知识分子艰苦的生活、同社会现实更多的接触和更深的了解、对战局的忧虑以及个人的病痛，已使林徽因的精神面貌发生了重大的变化。反映在她的诗稿中，三十年代那种安逸、婉约的格调已不多见，而开始发出某种悲怆、沉郁，甚至是苦涩的音响；诗中也不再限于捉摸个人心绪的沉浮变幻，而渐渐出现了更多尖锐的社会乃至政治主题。为哀悼在与日寇空战中捐躯的弟弟而写的诗稿《哭三弟恒》和鞭笞恶劣的社会风气对年轻知识分子心灵的侵蚀的长诗《刺耳的悲歌》(已佚)，表现了她创作思想的这种转变。

这个时期，学术上的研究和创作活动在林徽因的生活中有着更加重要的地位。她在疾病的折磨下，在那穷乡僻壤几乎不蔽风雨的几间农舍里，常常是伴着如豆的菜籽油灯光，用了几年时间，帮助梁思成反复修改并最后完成了《中国建筑史》这部重要著作的初稿和用英文撰写的《中国建筑史图录》稿，初步实现了他们早在学生时代就已怀有的学术宿愿。除了她身边的亲人和最接近的合作者之外，也许没有人会知道，林徽因为了这两部著作曾贡献了多少心血，在自己的健康方面，又做出了多大的牺牲。

一九四六年夏，梁思成应聘到清华大学主持建筑系的创建工作，林徽因终于回到了她在八年战乱中所日夜思念的北平。然而，她却无可奈何地发现，曾经成为她创作基调的那种战前闲逸的生活，同她自己的青春和健康一道，都已成为往日的回忆而不能再现了。这时，她同中国人民大革命的洪流仍是隔膜的，但对于旧政权的腐败和帝国主义的压迫，却已有了切身的感受。多年忧患的生活和长期卧病，曾使她产生过相当灰暗的情绪，并写了一些调子低沉的短诗。然而，也就是在这个时期，她一再谢绝了外国朋友的邀请，不肯到美国去长期疗养，而宁愿留国内，同自己的同胞共命运。解放前夕,她曾在朋友们面前激动地表示过:深信一个有爱国心的中国知识分子,是不会也不该选择这样的时机离开祖国的。也许多少有点偏激吧,她对于不信奉这个原则的人,始终是不能理解也不肯原谅的。

一九四九年初,林徽因所住的清华园已经解放了,而解放大军对北平的包围正紧。林徽因和梁思成一样,不仅为城内亲友、百姓的安危而日夜担心,而且一想到这座举世无双的文化古都,城内那无数辉煌的古代宫殿庙宇,可能即将毁于攻城的战火时,就忧心如焚,几乎夜不能寐了。就在这时,一天,突然有两位解放军来到家中求见,在大吃一惊的梁思成面前摊开了一幅大比例的北平军用地图,请他用红笔圈出一切重要的文物古迹的位置,以便在大军万一被迫攻城时尽一切可能予以保护……这生平第一次同解放军的直接接触,使这一对以中国古建筑为第二生命的夫妻激动得热泪盈眶,而几乎在一夜之间,就消除了他们对共产党的一切疑虑,从此便把自己的命运同新中国凝在了一起。

解放以后,林徽因的病势虽更加沉重,但她却焕发出前所未有的生命力,以极大的热忱,忘我地投入到人民共和国的经济、文化建设事业。她被聘为清华大学建筑系教授;北京市人民政府任命她为北京市都市计划委员会委员;不久,又被选为北京市第一届人民代表大会代表。她以惊人的毅力,忍受着病痛的折磨,认真地参加了首都的城市规划工作,和清华大学建筑系的同志们一道,提出了很有远见的总体规划草案;她还以极大的科学勇气和对人民、对历史负责的精神,抵制了当时来自各方面,包括来自"外国专家"的许多武断的、错误的意见,力主保存北京古城面貌,反对拆毁城墙、城楼和某些重要古建筑物，提出了修建"城上公园"的新颖设想；她十分关心供普通劳动者居住的小型住宅的合理设计问题，为建筑系研究生开了专题课，亲自做出了多种设计方案；她热心于北京传统手工艺的复兴，应工艺美术界一些同志的邀请，扶病来到当时濒临停业的景泰蓝、烧瓷等工艺工场调查研究，熟悉生产程序，为这些工艺品设计了一批具有民族风格而又便于制作的新式图案并亲自参与试制，同时还热情地为工艺美术学院培养研究生。她还热心于文化普及工作，在百忙中曾为《新观察》等刊物写了一系列介绍我国古建筑的通俗性文章。常常为此在病榻上就着一块小画板写作到深夜。

建国后不久，林徽因和清华大学建筑系的几位教师一道，接受了为中华人民共和国设计国徽图案的光荣任务。连续几个月，她把自己的全部热情都倾入了这件工作，呕心沥血，一次次地参与修改设计，又一次次带病亲自和同事们一起把图纸送到中南海，请周总理等领导同志审查、提意见，直到方案最后确定。在讨论国徽图案的全国政协一届二次会议上，林徽因被特邀列席。当她亲眼看到在毛主席的提议下，全体代表以起立方式一致通过了她所参与设计的五星照耀下的天安门国徽图案时，禁不住流下了激动的热泪。而这时，她已经病弱到几乎不能从座椅上站起来了。

这以后，林徽因又参加了天安门人民英雄纪念碑的设计和修建工作，并承担了为碑座设计饰纹和花圈浮雕图案的任务。她凭自己对中国古代雕刻纹饰方面的深刻了解和工艺美术方面的素养，十分出色地完成了这一创作。同时，她也耗尽了自己的最后一分精力，以致没有能亲眼看到这座历史性建筑物的落成。

熟悉林徽因的人还不会忘记，在从事上述这些工作的同时，她又是一个多么热心于培养、引导青年的人。常常一连几个小时为他们讲课，同他们交换意见、谈话，全然不顾自己已是一个多么衰弱的病人。为了启发后学者，她不仅贡献着自己的学识，也贡献了那仅有的一点健康。

一九五五年四月，林徽因教授终因久病医治无效而与世长辞了，终年只有五十一岁。虽然她参加人民的革命工作只有短短的五年时间，但由于她所做出的重要贡献，人民给了她以很高的荣誉，遗体被安葬在八宝山革命烈士公墓中。

作为一个文学、艺术家，林徽因是勇于探索和创新的。由于她对中国和西方传统文化、艺术的广博知识和深厚的修养，她总是孜孜不倦地探求怎样吸取其中最优秀的成分以表现现代的、民族的题材与风格。她的作品，无论是文学方面的，还是建筑或造型艺术方面的，都明显地表现出她在这种探索中所做出的可贵努力。民族的形式已成为她在艺术风格上的一个鲜明特色。她发表过的文学作品虽然不多，但它们在一个时期中，对于我国白话散文和诗歌，在形式、韵律、风格和技巧方面是有一定影响的。可惜的是，现在所能收集到的，仅是她早期作品中的一小部分，而在她思想和艺术上更为成熟时期的许多诗稿、文稿，却再也没有可能同读者见面了。在那灾难性的十年中，它们也遭到了和她墓碑上的名字相同的噩运，毁失殆尽了。

林徽因的一生，也可以说是不幸的。这样一位具有多方面才能、被誉为"一代才女"的女性，在旧社会，潜力却从来没有得到过真正充分的发挥；而她最好的年华，又大半被消磨在动乱的生活和疾病之中了。直到解放后，她的知识和才干才第一次真正找到了施展的天地。时代的需要、对新中国的挚爱，在她身上激发出了令人感佩的创造热情。然而，她心中那曾经是炽烈的生命之火，却过早地燃到了尽头，"蜡炬成灰"，无可奈何地熄灭了。这使一切熟悉她、爱慕她的人都不能不感到深深的惋惜和悲哀。

尽管如此，在半个多世纪以来中国白话文学发展的道路上，林徽因毕竟还是留下了自己那明晰、轻盈的足迹；在中国建筑史的研究工作中，她也以开创者之一的身份，做出了重要的贡献。特别是解放以后，她在建筑教育和美术创作中播出的种子和洒下的心血已开花结果，有的更已凝于历史的丰碑，获得了与人民共和国共存的殊荣。对于死者来说，这也应是具有深意的安慰了。

目录

诗歌

002 "谁爱这不息的变幻"

003 那一晚

005 仍然

007 激昂

009 一首桃花

011 笑

012 深夜里听到乐声

014 情愿

016 莲灯

017 中夜钟声

019 别丢掉

021 雨后天

022 山中一个夏夜

024 微光

026 秋天,这秋天

030 忆

031 年关

033 你来了

034 你是人间的四月天
——一句爱的赞颂

036 吊玮德

040 城楼上

042 灵感

044 深笑

046 风筝

048　静院

051　记忆

052　无题

053　题剔空菩提叶

054　藤花前
　　　　　——独过静心斋

056　黄昏过泰山

057　昼梦

059　旅途中

060　八月的忧愁

061　冥思

062　"九一八"闲走

063　唐缶小瓮

065　过杨柳

066　看叶子

067　红叶里的信念

072　山中

073　十月独行

074　静坐

075　空想

076　时间

077　古城春景

078　前后

079　去春

080　除夕看花

082　春天田里漫步

084　一天

085　十一月的小村

087　哭三弟恒
　　　——三十年空战阵亡

090　忧郁

091　对残枝

092　对北门街园子

093　孤岛

094　死是安慰

096　给秋天

098　人生

100　展缓

102　桥

104　恶劣的心绪

106　写给我的大姊

108　小诗（一）

109　小诗（二）

110　六点钟在下午

111　破晓

112　昆明即景

115　一串疯话

116　古城黄昏

117　诗
　　　——自然的赠与

119　我们的雄鸡

散文

- 122 希望不因《软体动物》的公演引出硬体的笔墨官司
- 126 悼志摩
- 135 惟其是脆嫩
- 138 第一幕
- 143 山西通信
- 146 窗子以外
- 154 纪念志摩去世四周年
- 161 蛛丝和梅花
- 165 《文艺丛刊小说选》题记
- 169 究竟怎么一回事
- 174 彼此
- 179 一片阳光

- 184 倏忽人间四月天·梁从诫
- 216 跋·方晶
- 219 增订说明

你来了‥

你来了，畫裡樓閣立在山邊，
支樂曲由風到風，草尋到天，
陽光投長了個方向，誰底了你？
松間雲裡人，掉自頭便竟不見‥‥

你美了，也花開到紫々的深紅，
綠草進侵池塘山一層曉霧，
鳥唱着，樹梢去擒着一白雲，
却是教州終急動這幾重天云‥‥

一九七四

诗歌

散文

「谁爱这不息的变幻」

> 初刊于一九三一年四月《诗刊》第二期,署名当期误为「微音」,下一期更正为林徽音。写作时间为一九三一年四月十二日。
>
> 作者的诗歌作品具体写作时日部分可确考。部分诗歌作品后有作者自注的日期,体例不一。本集中诗歌作品的排列顺序首先依据作者写作时间,其次依据诗歌发表时间。

谁爱这不息的变幻,她的行径?
　催一阵急雨,抹一天云霞,月亮,
　　星光,日影,在在都是她的花样,
更不容峰峦与江海偷一刻安定。
骄傲的,她奉着那荒唐的使命:
　看花放蕊树凋零,娇娃做了娘;
　　叫河流凝成冰雪,天地变了相;
都市喧哗,再寂成广漠的夜静!
　虽说千万年在她掌握中操纵,
她不曾遗忘一丝毫发的卑微。
难怪她笑永恒是人们造的谎,
　来抚慰恋爱的消失,死亡的痛。
但谁又能参透这幻化的轮回,
谁又大胆的爱过这伟大的变幻?

香山　四月十二日

那一晚

初刊于一九三二年四月《诗刊》第二期,署名尺棰。

那一晚我的船推出了河心,
澄蓝的天上照着有密密的星。
那一晚两岸里闪映着灯光;
你眼里含着泪,我心里着了慌。
那一晚你的手牵着我的手,
迷惘的星夜封锁起重愁。
那一晚你和我分定了方向,
两人各认取个生活的模样。

到如今我的船仍然在海面飘,
细弱的桅杆常在风涛里摇。
到如今太阳只在我背后徘徊
层层的阴影留守在我的周围。
到如今我还记着那一晚的天
星光,眼泪,白茫茫的江边!
到如今我还想念你岸上的耕种:
红花儿黄花儿朵朵的生动。

那一天我希望要走到了顶层,
蜜一般酿出那记忆的滋润。
那一天我要挎上带羽翼的箭,
望着你花园里射一个满弦。
那一天你要听到鸟般的歌唱,
那便是我静候着你的赞赏。
那一天你要看到零乱的花影,
那便是我私闯入当年的边境!

仍然

> 初刊于一九三二年四月《诗刊》第二期,署名尺棰。

你舒伸得像一湖水向着晴空里
白云,又像是一流冷涧澄清
许我循着林岸穷究你的泉源:
我却仍然怀抱着百般的疑心
对你的每一个映影!

你展开像个千瓣的花朵,
鲜妍是你的每一瓣,更有芳沁,
那温存袭人的花气,伴着晚凉:
我说花儿,这正是春的捉弄人,
来偷取人们的痴情!

你又学叶叶的书篇随风吹展,
揭示你的每一个深思;每一角心境,
你的眼睛望着我,不断的在说话:

我却仍然没有回答,一片的沉静
永远守住我的魂灵。

激昂

> 初刊于一九三一年九月《北斗》创刊号,署名林徽音。写作时间为一九三一年五月。

我要藉这一时的豪放
和从容,灵魂清醒的
再喝一泉甘甜的鲜露,
来挥动思想的利剑,
舞它那一瞥最敏锐的
锋芒,像皑皑塞野的雪
在月的寒光下闪映,
喷吐冷激的辉艳;——斩,
斩断这时间的缠绵,
和猥琐网布的纠纷,
剖取一个无瑕的透明,
看一次你,纯美,
你的裸露的庄严。
……
　　　　然后踩登
任一座高峰,攀牵着白云
和锦样的霞光,跨一条

长虹,瞰临着澎湃的海,
在一穹匀净的澄蓝里,
书写我的惊讶与欢欣,
献出我最热的一滴眼泪,
我的信仰,至诚,和爱的力量,
永远膜拜,
膜拜在你美的面前!

　　　　　　　　　　　　五月　香山

一首桃花

初刊于一九三一年十月五日《诗刊》第三期,署名林徽音。写作时间为一九三一年五月。

桃花,

那一树的嫣红,

像是春说的一句话:

朵朵露凝的娇艳,

是一些

玲珑的字眼,

一瓣瓣的光致,

又是些

柔的匀的吐息;

含着笑,

在有意无意间

生姿的顾盼。

看，——
那一颤动在微风里
她又留下，淡淡的，
在三月的薄唇边，
一瞥，
一瞥多情的痕迹！

二十年五月　香山

笑

初刊于一九三一年十月五日《诗刊》第二期,署名林徽音。

笑的是她的眼睛,口唇,
和唇边浑圆的漩涡。
流转如同露珠,
朵朵的笑向
贝齿的闪光里躲。
那是笑——诗的笑,画的笑:
水的映影,风的轻歌。

笑的是她惺忪的鬈发
散乱的挨着她耳朵;
轻软如同花影,
痒痒的甜蜜
涌进了你的心窝。
那是笑——神的笑,美的笑:
云的留痕,浪的柔波。

深夜里听到乐声

初刊于一九三一年十月五日《诗刊》第三期,署名林徽音。

这一定又是你的手指,
轻弄着,
在这深夜,稠密的悲思。

别怪我颊边泛上了红,
静听着,
这异样的弦索的生动。

一声听在我心底穿过,
我懂得
这凄凉,但我怎能应和?

生命早描定了她的式样;
太薄弱
是人们的美丽的想象!

除非在梦里有怎［这］么一天，
你和我
同来攀动那根希望的弦！

情
愿

初刊于一九三一年十月五日《诗刊》第三期,署名林徽音。

我情愿化成一片落叶,
让风吹雨打到处飘零;
或流云一朵,在澄蓝天,
和大地再没有些牵连;

但抱紧那伤心的标帜,
去触遇没着落的怅惘,
在黄昏,夜半,蹑着脚走,
全是空虚,再莫有温柔;

忘掉曾有这世界;有你;
哀悼谁又曾有过爱恋;
落花似的落尽,忘了去
这些个泪点里的情绪。

到那天一切都不存留，
比一闪光，一息风更少
痕迹，你也要忘掉了我
曾经在这世界里活过。

莲灯

> 初刊于一九三三年三月一日《新月》第四卷第六期,正文署名徽音,目录栏为林徽音。写作时间为一九三二年七月中旬。

如果我的心是一朵莲花,
正中擎出一支点亮的蜡,
荧荧虽则单是那一剪光,
我也要它骄傲的捧出辉煌;
不怕它只是我个人的莲灯
照不见前后崎岖的人生——
浮沉它依附着人海的浪涛
明暗自成了它内心的秘奥。
单是那光一闪花一朵——
像一叶轻舸驶出了江河——
宛转它漂随命运的波涌
等候那阵阵风向远处推送。
算做一次过客在宇宙里,
认识这玲珑的生从容的死,
这飘忽的途程也就是个——
也就是个美丽美丽的梦。

廿一年七月半　香山

中夜钟声

> 初刊于一九三三年三月一日《新月》第四卷第六期,正文署名徽音,目录栏为林徽音。

钟声
　　敛住又敲散
　　　一街的荒凉
听——
　　那圆的一颗颗声响
　　直沉下时间
　　　　　静寂的
　　　　　　咽喉。
　　像哭泣,
　　　像哀恸,
将这僵黑的
中夜
　　葬入
　　那永不见曙星的
　　　空洞——

轻——重，
——重——轻……
这摇曳的一声声，
　又凭谁的主意
　把那余剩的忧惶
随着风冷——
　　纷纷
　　　掷给还不成梦的
　　　　　人。

别丢掉

初刊于一九三六年三月十五日《大公报》「文艺副刊」第一百二十期,署名林徽因。此期为「星期特刊」。写作时间为一九三二年夏。

别丢掉

这一把过往的热情,

现在流水似的,

轻轻

在幽冷的山泉底,

在黑夜,在松林,

叹息似的渺茫,

你仍要保存着那真!

一样是月明,

一样是隔山灯火,

满天的星,

只使人不见,

梦似的挂起,

你问黑夜要回

那一句话——

你仍得相信

山谷中留着

有那回音!

　　　　　　　　　　　　二十一年夏

雨后天

初刊于一九三六年三月十五日《大公报》"文艺副刊"第一百一十期,署名徽因。此期为"星期特刊"。写作时间为一九三三年十月一日。

我爱这雨后天,
这平原的青草一片!
我的心没底止的跟着风吹,
风吹:
吹远了草香,落叶,
吹远了一缕云,像烟——
像烟。

二十一年十月一日

山中一个夏夜

> 初刊于一九三三年六月一日《新月》第四卷第七期,署名林徽音。一九四八年七月重新发表时个别文字略有改动。现存诗作手稿第三节为:
> 虫鸣织成那一片静,寂寞像垂下的帐幔,仲夏山林在内中睡着幽香四下里浮散。
> 黑影枕着黑影,默默的无声,夜的静,却有夜的耳在听!

山中有一个夏夜,深得
像没有底一样;
黑影,松林密密的;
周围没有点光亮。
　　对山闪着只一盏灯——两盏
　　像夜的眼,夜的眼在看!

满山的风全蹑着脚
像是走路一样;
躲过了各处的枝叶
各处的草,不响。
　　单是流水,不断的在山谷上
　　石头的心,石头的口在唱。

均匀的一片静,罩下
像张软垂的幔帐。
疑问不见了,四角里

模糊,是梦在窥探?

夜像在祈祷,无声的在期望,

幽馥的虔诚在无声里布漫。

一九三〇年* *该诗写作时间系作者于一九四八年七月二十五日
《平民日报·星期艺文》第六十六期重新发表时
所标定,是否为误记尚需考证。

香山来涛[青]轩

微光

> 初刊于一九三三年九月二十七日《大公报》"文艺副刊"第二期,署名徽音。写作时间为一九三三年九月。

街上没有光,没有灯,
店廊上一角挂着有一盏;
他和她把他们一家的运命
含糊的,全数交给这黯淡。

街上没有光,没有灯,
店窗上,斜角,照着有半盏。
合家大小朴实的脑袋,
并排儿,熟睡在土炕上。

外边有雪夜;有泥泞;
沙锅里有不够明日的米粮;
小屋,静守住这微光,
缺乏着生活上需要的各样。

缺的是把干柴;是杯水;麦面……
为这吃的喝的,本说不到信仰,——

生活已然,固定的,单靠气力,
在肩臂上边,来支持那生的胆量。

明天,又明天,又明天……
一切都限定了,谁还说希望,——
便使是做梦,在梦里,闪着,
仍旧是这一粒孤勇的光亮?

街角里有盏灯,有点光,
挂在店廊;照在窗槛;
他和她,把他们一家的运命
明白的,全数交给这凄惨。

二十二年九月

秋天,这秋天

初刊于一九三三年十一月十八日《大公报》「文艺副刊」第十七期,署名徽音。写作时间为一九三三年十一月中旬。

这是秋天,秋天,——
风还该是温软;
太阳仍笑着那微笑,
闪着金银;夸耀
他实在无多了的
最奢侈的早晚!
这里那里,在这秋天,
斑彩错置到各处
山野,和枝叶中间,
像醉了的蝴蝶,或是
珊瑚珠翠,华贵的失散,
缤纷降落到地面上。
这时候心得像歌曲;
由山泉的水光里闪动,
浮出珠沫,溅开
山石的喉嗓唱。
这时候满腔的热情

全是你的,秋天懂得,
秋天懂得那狂放,——
秋天爱的是那不经意
不经意的零乱!

但是秋天,这秋天,
他撑着梦一般的喜筵,
不为的是你的欢欣:
他撒开手,一掬缨络,
一把落花似的幻变,
还为的是那不定的
悲哀,归根儿蒂结住
在这人生的中心!
一阵萧萧的风,起自
昨夜西窗的外沿,
摇着梧桐树哭。——
起始你怀疑着:
荷叶还没有残败;
小划子停在水流中间;
夏夜的细语,夹着虫鸣,
还信得过仍然偎着
耳朵旁温甜;
但是梧桐叶带来桂花香,
已打到灯盏的光前。

一切都两样了,他闪一闪说,
只要一夜的风,一夜的幻变。

冷雾迷住我的两眼,
在这样的深秋里,
你又同谁争?现实的背面
是不是现实,荒诞的,
果属不可信的虚妄?
疑问抵不住单简的残酷,
再别要悯惜流血的哀惶,
趁一次里,要认清
造物更是摧毁的工匠。
信仰只一细炷香,
那点子亮再经不起西风
沙沙的隔着梧桐树吹!
如果你忘不掉,忘不掉
那同听过的鸟啼;
同看过的花好,信仰
该在过往的中间安睡。……
秋天的骄傲是果实,
不是萌芽,——生命不容你
不献出你积累的馨芳;
交出受过光热的每一层颜色;
点点沥尽你最难堪的酸怆。

　　　　　这时候，
切不用哭泣；或是呼唤；
更用不着闭上眼祈祷；
(向着将来的将来空等盼)；
只要低低的，在静里，低下去
已困倦的头来承受，——承受
这叶落了的秋天，
听风扯紧了弦索自歌挽：
这秋，这夜，这惨的变换！

　　　　　　　　二十二年十一月中旬

忆

初刊于一九三四年六月《学文》第一卷第二期,署名徽音。写作时间为一九三三年年末。

新年等在窗外,一缕香,
枝上刚放出一半朵红。
心在转,你曾说过的
几句话,白鸽似的盘旋。

我不曾忘,也不能忘
那天的天澄清的透蓝,
太阳带点暖,斜照在
每棵树梢头,像凤凰。

是你在笑,仰脸望,
多少勇敢话那天,你我
全说了,——像张风筝
向蓝穹,凭一线力量。

二十二年年岁终

年关

初刊于一九三四年二月二十一日《大公报》"文艺副刊"第四十三期,署名林徽音。写作时间为一九三四年二月十三日(农历除夕)。

那里来,又向那里去,
这不断,不断的行人,
奔波杂逻的,这车马?
红的灯光,绿的紫的,
织成了这可怕,还是
可爱的夜?高的楼影
渺茫天上,都象征些
什么现象?这噪聒中
为什么又凝着这沉静;
这热闹里,会是凄凉?

这是年关,年关,有人
由街头走着,估计着,
孤另的影子斜映着。
一年,又是一年辛苦,
一盘子算珠的艰和难。
日中你敛住气,夜里

你喘,一条街,一条街,
跟着太阳灯光往返,——
人和人,好比水在流,
人是水,两旁楼是山!

　　一年,一年,
连年里,这穿过城市
胸腑的辛苦,成千万,
成千万人流的血汗,
才会造成了像今夜
这神奇可怕的灿烂!
看,街心里横一道影
灯盏上开着血印的花
夜在凉雾和尘沙中
进展,展进,许多口里
在喘着年关,年关……

二十三年废历除夕

你来了

> 初刊于一九三六年十二月《新诗》第三期时与《空想》《"九一八"闲走》《藤花前——独过静心斋》《旅途中》并题为《空想（外四章）》，署名林徽因。写作时间为一九三四年。此诗据作者手稿刊印，与正式发表版本在个别字句、标点上有差异。

你来了，画里楼阁立在山边，
交响曲，由风到风，草青到天！
阳光投多少个方向，谁管？你，我
如同画里人，掉回头，便就不见！
你来了，花开到深深的深红，
绿萍遮住池塘上一层晓梦，
鸟唱着，树梢交织着枝柯，——白云
却是我们，悠［倏］忽翻过几重天空！

*诗的最后两句后被作者改为："鸟唱着，树梢头织起细细交柯——白云却是我们，翻过好几重天空。"

一九三四

你是人间的四月天
——一句爱的赞颂

> 初刊于一九三四年五月《学文》第一卷第一期,署名徽音。

我说你是人间的四月天；
笑响点亮了四面风；轻灵
在春的光艳中交舞着变。

你是四月早天里的云烟，
黄昏吹着风的软，星子在
无意中闪，细雨点洒在花前。

那轻，那娉婷，你是，鲜妍
百花的冠冕你戴着，你是
天真，庄严，你是夜夜的月圆。

雪化后那片鹅黄，你像；新鲜
初放芽的绿，你是；柔嫩喜悦
水光浮动着你梦期待中白莲。

你是一树一树的花开,是燕

在梁间呢喃,——你是爱,是暖,

是希望 *作者后将"希望"改作"诗的一篇"。,你是人间的四月天!

吊玮德

> 初刊于一九三五年六月南京《文艺月刊》第七卷第六期,署名林徽因。写作时间为一九三五年五月十日。

玮德,是不是那样,
你觉到乏了,有点儿
不耐烦,
并不为别的缘故
你就走了,
向着那一条路?

玮德你真是聪明;
早早的让花开过了
那顶鲜妍的几朵,
就选个这样春天的清晨,
挥一挥袖
对着晓天的烟霞
走去,轻轻的,轻轻的
背向着我们。
春风似的不再停住!

春风似的吹过,
你却留下
永远的那么一颗
少年人的信心;
少年的微笑
和悦的
洒落在别人的新枝上。
我们骄傲
你这骄傲
但你,玮德,独不惆怅
我们这一片
懦弱的悲伤?

黯淡是这人间
美丽不常走来
你知道。
歌声如果有,也只在
几个唇边旋转!
一层一层尘埃,
凄怆是各样的安排,
即使狂飚不起,狂飚不起,
这远近苍茫,
雾里狼烟,
谁还看见花开!

你走了,

你也走了,

尽走了,再带着去

那些儿馨芳,

那些个嘹亮,

明天再明天,此后

寂寞的平凡中

都让谁来支持?

一星星理想,难道

从此都空挂到天上?

玮德你真是个诗人

你是这般年轻,好像

天方放晓,钟刚敲响……

你却说倦了,有点儿

不耐烦忍心,

一条虹桥由中间拆断;

情愿听杜鹃啼唱,

相信有明月长照,

寒光水底能依稀映成

那一半连环

憬憧中

你诗人的希望!

玮德是不是那样
你觉得乏了，人间的怅惘
你不管；
莲叶上笑着展开
浮烟似的诗人的脚步。
你只相信天外那一条路？

廿四年五月十日　北平

城楼上

> 初刊于一九三五年十一月八日《大公报》「文艺副刊」第三十九期,署名徽因。此期为「诗特刊」。写作时间为一九三五年十月。

你说什么?
鸭子,太阳,
城墙下那护城河?
——我?
我在想,
——不是不在听——
想怎样
从前,……
——
对了,
也是秋天!

你也曾去过,
你?那小树林?
还记得么;
山窝,红叶像火?
映影

湖心里倒浸,
那静?
天!……
(今天的多蓝,你看!)
白云,
像一缕烟。

谁又啰嗦?
你爱这里城墙,
古墓,长歌,
蔓草里开野花朵。
好,我不再讲
从前的,单想
我们在古城楼上
今天,——
白鸽,
(你准知道是白鸽?)
飞过面前。

二十四年十月

灵感

> 初刊于一九八五年三月人民文学出版社出版的《林徽因诗集》,写作时间为一九三五年十月。作者生前未曾发表。

是你,是花,是梦,打这儿过,
此刻像风在摇动着我:
告诉日子重叠盘盘的山窝;
清泉潺潺流动转狂放的河;
孤僻林里闲开着鲜妍花,
细香常伴着圆月静天里挂:
且有神仙纷纭的浮出紫烟,
衫裾飘忽映影在山溪前;
给人的理想和理想上
铺香花,叫人心和心合着唱;
直到灵魂舒展成条银河,
长长流在天上一千首歌!

是你,是花,是梦,打这里儿过,
此刻像风,在摇动着我;
告诉日子是这样的不清醒;
当中偏响着想不到的一串铃。

树枝里轻声摇曳；金镶上翠，
低了头的斜阳，又一抹光辉。
难怪阶前人忘掉黄昏，脚下草，
高阁古松，望着天上点骄傲，
留下檀香，木鱼，合掌
在神龛前，在蒲团上，
楼外又楼外，幻想彩霞却缀成
凤凰栏杆，挂起了塔顶上灯！

二十四年十月　徽因作于北平

深笑

> 初刊于一九三六年一月五日《大公报》"文艺副刊"第二十七期,署名林徽因。一九四八年七月重新发表时个别文字略有改动。写作时间为一九三五年。

是谁笑得那样甜,那样深,
那样圆转?一串一串明珠
大小闪着光亮,迸出天真!
清泉底浮动,泛流到水面上,
　　灿烂,
分散!

是谁笑得好花儿开了一朵?
那样轻盈,不惊起谁。
细香无意中,随着风过,
拂在短墙,丝丝在斜阳前
　　挂着
留恋。

是谁笑成这百层塔高耸，
让不知名鸟雀来盘旋？是谁
笑成这万千个风铃的转动，
从每一层琉璃的檐边
　摇上
云天？

一九三五年 *该诗写作时间系作者于一九四八年七月二十五日《平明日报·星期艺文》第六十六期重新发表时所标定。

北平

风筝

> 初刊于一九三六年二月十四日《大公报》"文艺副刊"第三十九期,署名徽因。写作时间为一九三六年一月十一日。

看,那一点美丽
会闪到天空!
几片颜色,
挟住双翅,
心,缀一串红。

飘摇,它高高的去,
逍遥在太阳边
太空里闪
一小片脸,
但是不,你别错看了
错看了它的力量,
天地间认得方向!
它只是
轻的一片,
一点子美
像是希望,又像是梦;

一长根丝牵住
天穹，渺茫——
高高推着它舞去，
白云般飞动，
它也猜透了不是自己，
它知道，知道是风！

正月十一日

静院

初刊于一九三六年四月十二日《大公报》「文艺副刊」第一百二十二期,署名徽因。此期为「星期特刊」。写作时间为一九三六年一月。

你说这院子深深的——
美从不是现成的。
这一掬静,
到了夜,你算,
就需要多少铺张?
月圆了残,叫卖声远了,
隔过老杨柳,一道墙,又转,
初一?凑巧谁又在烧香,……
离离落落的满院子,
不定是神仙走过,
仅是迷惘,像梦,……
窗槛外或者是暗的,
或透那么一点灯火。

这掬静,院子深深的
——有人也叫它做情绪——
情绪,好,你指点看

有不有轻风,轻得那样

没有声响,吹着凉?

黑的屋脊,自己的,人家的,

兽似的背耸着,又像

寂寞在嘶声的喊!

石阶,尽管沉默,你数,

多少层下去,下去,

是不是还得阑杆,斜斜的

双树的影去支撑?

对了,角落里边

还得有人低着头脸。

会忘掉又会记起,——会想,

——那不论——或者是

船去了,一片水,或是

小曲子唱得嘹亮;

或是枝头粉黄一朵,

记不得谁了,又向谁认错!

又是多少年前,——夏夜,

有人说:

"今夜,天,……"(也许是秋夜)

又穿过藤萝,

指着一边,小声的,"你看,

星子真多!"

草上人描着影子；
那样点头，走，
又有人笑，……

静，真的，你可相信
这平铺的一片——
不单是月光，星河，
雪和萤虫也远——
夜，情绪，进展的音乐，
如果慢弹的手指
能轻似蝉翼，
你拆开来看，纷纭，
那玄微的细网
怎样深沉的拢住天地，
又怎样交织成
这细致飘渺的彷徨！

二十五年一月

记忆

> 初刊于一九三六年三月二十二日《大公报》"文艺副刊"第一百一十四期,署名徽因。此期为"星期特刊"。写作时间为一九三六年二月。

断续的曲子,最美或最温柔的
夜,带着一天的星。
记忆的梗上,谁不有
两三朵俜停[娉婷],披着情绪的花
无名的展开
野荷的香馥,
每一瓣静处的月明。

湖上风吹过,额发乱了,或是
水面皱起像鱼鳞的锦。
四面里的辽阔,如同梦
荡漾着中心彷徨的过往
不着痕迹,谁都
认识那图画,
沉在水底记忆的倒影!

二十五年二月

无题

> 初刊于一九三六年五月三日《大公报》"文艺副刊"第一百三十八期,署名徽因。此期为"星期特刊"。写作时间为一九三六年四月。

什么时候再能有

那一片静;

溶溶在春风中立着,

面对着山,面对着小河流?

什么时候还能那样

满掬着希望;

披拂新绿,耳语似的诗思,

登上城楼,更听那一声钟响?

什么时候,又什么时候,心

才真能懂得

这时间的距离;山河的年岁;

昨天的静,钟声,

昨天的人

怎样又在今天里划下一道影!

二十五年春四月

题
剔空菩提叶

初刊于一九三六年五月十七日《大公报》「文艺副刊」第一百四十六期,署名徽因。此期为「星期特刊」。写作时间为一九三六年四月二十三日。

认得这透明体,

智慧的叶子掉在人间?

消沉,慈静——

那一天一闪冷焰,

一叶无声的坠地,

仅证明了智慧寂寞

孤零的终会死在风前!

昨天又昨天,美

还逃不出时间的威严;

相信这里睡眠着最美丽的

骸骨,一丝魂魄月边留恋,——

……

菩提树下清荫则是去年!

廿五年四月廿三日

藤花前
——独过静心斋

> 初刊于一九三六年十二月《新诗》第三期时与《空想》《你来了》《「九一八」闲走》《旅途中》并题为《空想（外四章）》，署名林徽因。

紫藤花开了

轻轻的放着香，

没有人知道……

紫藤花开了

轻轻的放着香，

没有人知道。

楼不管，曲廊不作声，

蓝天里白云行去，

池子一脉静；

水面散着浮萍，

水底下挂着倒影。

紫藤花开了

没有人知道！

蓝天里白云行去，

小院，

无意中我走到花前。
轻香,风吹过
花心,
风吹过我,——
望着无语,紫色点。

黄昏过泰山

> 初刊于一九三六年七月十九日《大公报》"文艺副刊"第一百八十二期,署名林徽因。此期为"诗歌特刊"。

记得那天

心同一条长河,

让黄昏来临,

月一片挂在胸襟。

如同这青黛山,

今天,

心是孤傲的屏障一面;

葱郁,

不忘却晚霞,

苍莽,

却听脚下风起,

来了夜——

昼
梦

> 初刊于一九三六年八月三十日《大公报》"文艺副刊"第二百零六期,署名林徽因。此期为"诗歌特刊"。写作时间为一九三六年夏。

昼梦

垂着纱,

无从追寻那开始的情绪

还未曾开花;

柔韧得像一根

乳白色的茎,缠住

纱帐下;银光

有时映亮,去了又来;

盘盘丝路

一半失落在梦外。

花竟开了,开了;

零落的攒集,

从容的舒展,

一朵,那千百瓣!

抖擞那不可言喻的

刹那情绪,

庄严峰顶——

天上一颗星……

   晕紫，深赤，

天空外旷碧，

是颜色同颜色浮溢，腾飞……

深沉，

又凝定——

悄然香馥，

袅娜一片静。

昼梦

垂着纱，

无从追踪的情绪

开了花；

四下里香深，

低覆着禅寂，

间或游丝似的摇移，

悠忽一重影；

悲哀或不悲哀

全是无名，

一闪俜停〔娉婷〕。

　　　　　　　　　　　　二十五年暑中　北平

旅途中

> 初刊于一九三六年十二月《新诗》第三期时与《空想》《你来了》《"九一八"闲走》《藤花前——独过静心斋》并题为《空想（外四章）》，署名林徽因。写作时间为一九三六年夏。

我卷起一个包袱走，
过一个山坡子松，
又走过一个小庙门，
在早晨最早的一阵风中。
我心里没有埋怨，人或是神；
天底下的烦恼，连我的
拢总，
像已交给谁去，……

前面天空。
山中水那样清，
山前桥那么白净，——
我不知道造物者认不认得
自己图画；
乡下人的笠帽，草鞋，
乡下人的性情。

暑中在山东乡间步行　廿五年夏

八月的忧愁

> 初刊于一九三六年九月三十日《大公报》"文艺副刊"第二一十四期,署名徽因。写作时间为一九三六年夏末。

黄水塘里游着白鸭,
高粱梗油青的刚高过头,
这跳动的心怎样安插,
田里一窄条路,八月里这忧愁?

天是昨夜雨洗过的,山岗
照着太阳又留一片影;
羊跟着放羊的转进村庄,
一大棵树荫下罩着井,又像是心!

从没有人说过八月甚么话,
夏天过去了,也不到秋天。
但我望着田垄,土墙上的瓜,
仍不明白生活同梦怎样底连牵。

二十五年夏末

冥思

> 初刊于一九三六年十二月十三日《大公报》"文艺副刊"第二百六十五期,署名林徽因。写作时间为一九三六年夏末。

心此刻同沙漠一样平, *此句作者后改为"此刻胸前同沙漠一样平"。

思想像孤独的一个阿拉伯人;

仰脸孤独的向天际望

落日远边奇异的霞光,

安静的,又侧个耳朵听

远处一串骆驼的归铃。

在这白色的周遭中,

一切像凝冻的雕形不动:

白袍,腰刀,长长的头巾,

浪似的云天,沙漠上风!

偶有一点子振荡闪过天线,

残霞边一颗星子出现。

二十五年夏末

「九一八」闲走

> 初刊于一九三六年十二月《新诗》第三期时与《空想》《你来了》《藤花前——独过静心斋》《旅途中》并题为《空想(外四章)》,署名林徽因。

天上今早盖着两层灰,
地上一堆黄叶在徘徊,
惘惘的是我跟着凉风转,
荒街小巷,蛇鼠般追随!

我问秋天,秋天似也疑问我:
在这尘沙中又挣扎些什么,
黄雾扼住天的喉咙,
处处仅剩情绪的残破?

但我不信热血不仍在沸腾;
思想不仍铺在街上多少层;
甘心让来往车马狠命的轧压,
待从地面开花,另来一种完整。

唐缶小瓮

初刊于一九三六年十月十日《大公报》"国庆特刊",署名徽因。

意识中一涌清泉,一种轻新,

希腊当年的微笑

却像睡眠般无意底

献出一掬安静。

想这一小把黄泥

在聪明的眼或手前面变;

憧憬自然以外又以外的梦,

又留恋在人性边;

"创造"这薄弱的两字

当年

却不是空叫响的声音,

迫切的直是一闪雷电!

黄泥和灰泥奇光中

挣扎,挂一滴欣喜的泪,

从一朝代到另一朝代,

擎起不止一次诞生的酒杯……

终于由线同型超度
在时间外腾飞!
如果此刻我陶醉于这一曲弧线,
我不仅惊讶矇眬中盛唐的色泽
或那日月昼夜一千年,
我的心更充溢感佩的热情,
渗入黄泥,混沌的无言,
膜拜从古以来人的精灵。

过杨柳

初刊于一九三六年十一月一日《大公报》"文艺副刊"第二百四十一期,署名徽因。此期为"诗歌特刊"。作者曾将此诗以"黄昏过杨柳"为题,作为「林徽因诗」中《空虚的薄暮》两首之二,重刊于一九四八年二月二十二日《经世日报》"文艺周刊"第五十八期。写作时间为一九三六年十月。

反复底在敲问心同心,
彩霞片片已烧成灰烬;
街的一头到另一条路,
同是个黄昏扑进尘土。

愁闷压住所有的新鲜,
奇怪街边此刻还看见,
混沌中浮出光妍的纷纠,
死色楼前垂一棵杨柳!

廿五年十月

看叶子

> 此诗根据手稿刊印。写作时间为一九三六年十月。作者生前未曾发表。

红红的叶子,又到了秋天
我纵知道自己想念,
我却画不出心里的方向——
我疑心你已变了模样!

黄黄的叶子像火烧焦;
我听到隔墙有人摇落笑,
我拾起这偶来的别人欣喜,
惋惜底保存在自己眼泪里。

红叶里的信念

初刊于一九三七年一月《新诗》第四期,署名林徽因。写作时间为一九三六年秋。

年年不是要看西山的红叶,
谁敢看西山红叶?不是
要听异样的鸟鸣,停在
那一个静幽的树枝头,
是脚步不能自已的走——
走,迈向理想的山坳子
寻觅从未曾寻着的梦:
一茎梦里的花,一种香,
斜阳四处挂着,风吹动,
转过白云,小小一角高楼。

钟声已在脚下,松同松
并立着等候,山野已然
百般渲染豪侈的深秋。
梦在那里,你的一缕笑,
一句话,在云浪中寻遍
不知落到那一处?流水已经

渐渐的清寒，载着落叶
穿过空的石桥，白栏杆，
叫人不忍再看，红叶去年
同踏过的脚迹火一般。

好，抬头，这是高处，心卷起
随着那白云浮过苍茫，
别计算在那里驻脚，去，
相信千里外还有霞光，
像希望，记得那烟霞颜色，
就不为编织美丽的明天，
为此刻空的歌唱，空的
凄恻，空的缠绵，也该放
多　点勇敢，不怕连牵
斑驳金银般旧积的创伤！

再看红叶每年，山重复的
流血，山林，石头的心胸
从不倚藉梦支撑，夜夜
风像利刃削过大土壤，
天亮时沉默焦灼的唇，
忍耐的仍向天蓝，呼唤
瓜果风霜中完成，呈光彩，
自己山头流血，变坟台！

平静，我的脚步，慢点儿去，
别相信谁曾安排下梦来！

一路上枯枝，鸟不曾唱，
小野草香风早不是春天。
停下！停下！风同云，水同
水藻全叫住我，说梦在
背后；蝴蝶秋千理想的
山坳同这当前现实的
石头子路还缺个牵联［连］！
愈是山中奇妍的黄月光
挂出树尖，愈得相信梦，
梦里斜晖一茎花是谎！

但心不信！空虚的骄傲
秋风中旋转，心仍叫喊
理想的爱和美，同白云
角逐；同斜阳笑吻；同树，
同花，同香，乃至同秋虫
石隙中悲鸣，要携手去；
同奔跃嬉游水面的青蛙，
盲目底再去寻盲目日子，——
要现实的热真另涂图画，
要把满山红叶采作花！

这萧萧瑟瑟不断的呜咽,
掠过耳鬓也还卷着温存,
影子在秋光中摇曳,心再
不信光影外有串疑问!
心仍不信,只因是午后,
那片竹林子阳光穿过
照暖了石头,赤红小山坡,
影子长长两条,你同我
曾经参差那亭子石路前,
浅碧波光老树干旁边!

生命中的谎再不能比这把
颜色更鲜艳!记得那一片
黄金天,珊瑚般玲珑叶子
秋风里挂,即使自己感觉
内心流血,又怎样个说话?
谁能问这美丽的后面
是什么?赌博时,眼闪亮,
从不悔那猛上孤注的力量;
都说任何苦痛去换任何一分,
一毫,一个纤微的理想!

所以脚步此刻仍在迈进,
不能自已,不能停!虽然山中

一万种颜色,一万次的变,
各种寂寞已环抱着孤影;
热的减成微温,温的又冷,
焦黄叶压踏在脚下碎裂,
残酷底散排昨天的细屑,
心却仍不问脚步为甚固执,
那寻不着的梦中路线,——
仍依恋指不出方向的一边!

西山,我发誓底,指着西山,
别忘记,今天你,我,红叶,
连成这一片血色的伤怆!
知道我的日子仅是匆促的
几天,如果明年你同红叶
再红成火焰,我却不见,……
深紫,你山头须要多添
一缕抑郁热情的象征,
记下我曾为这山中红叶,
今天流血底存一堆信念!

山中

> 初刊于一九三七年一月二十九日《大公报》"文艺副刊"第二百九十二期。署名徽因。写作时间为一九三六年秋。

紫色山头抱住红叶,将自己影射在山前,
人在小石桥上走过,渺小的追一点子想念。
高峰外云在深蓝天里镶白银色的光转,
用不着桥下黄叶,人到泉边,才记起夏天!

也不因一个人孤独的走路,路更蜿蜒,
短白墙房舍像画,仍画在山坳另一面,
只这丹红叶叶替代人记忆失落的层翠,
深浅围抱这同一个山头,惆怅如薄层烟。

山中斜长条青影,如今红萝乱在四面,
百万落叶火焰在寻觅山石荆草边,
当时黄月下共坐天真的青年人情话,相信
那三两句长短,星子般扔挂秋风里不变。

廿五年秋

十月独行

> 初刊于一九三七年三月七日《大公报》"文艺副刊"第三百零七期,署名徽因。写作时间为一九三六年十月。现存诗作手稿与发表定稿个别字词、标点略有不同。

像个灵魂失落在街边,
我望着十月天上十月的脸,
我向雾里黑影上涂热情
悄悄的看一团流动的月圆。

我也看人流着流着过去,来回
黑影中冲着波浪翻星点
我数桥上栏杆龙样头尾
像坐一条寂寞船,自己拉纤。

我像哭,像自语,我更自己抱歉!
自己焦心,同情,一把心紧似琴弦,——

我说哑的,哑的琴我知道,一出曲子
未唱,幻望的手指终未来在上面?

静坐

> 初刊于一九三七年一月三十一日《大公报》「文艺副刊」第二百九十三期，署名林徽因。此期为「诗歌特刊」。写作时间为一九三六年十一月。

冬有冬的来意，

寒冷像花，——

花有花香，冬有回忆一把。

一条枯枝影，青烟色的瘦细，

在午后的窗前拖过一笔画；

寒里日光淡了，渐斜……

就是那样底

像待客人说话

我在静沉中默啜着茶。

二十五年冬十一月

空想

> 初刊于一九三六年十一月《新诗》第三期时与《你来了》《"九一八"闲走》《藤花前——独过静心斋》《旅途中》并题为《空想（外四章）》，署名林徽因。

终日的企盼企盼正无着落，——
太阳穿窗棂影，种种花样。
暮秋梦远，一首诗似的寂寞，
真怕看光影，花般洒在满墙。

日子悄悄的仅按沉吟的节奏，
尽打动简单曲，像钟摇响。
不是光不流动，花瓣子不点缀时候，
是心漏却忍耐，厌烦了这空想！

时间

> 初刊于一九三七年三月十四日《大公报》「文艺副刊」第三百一十期,署名徽因。此期为「诗歌特刊」。

人间的季候永远不断在转变
春时你留下多处残红,翩然辞别,
本不想回来时同谁叹息秋天!

现在连秋云黄叶又已失落去
辽远里,剩下灰色的长空一片
透彻的寂寞,你忍听冷风独语?

古城春景

初刊于一九三七年四月《新诗》第二卷第一期,署名林徽因。写作时间为一九三七年春。

时代把握不住时代自己的烦恼,——
轻率的不满,就不叫它这时代牢骚——
偏又流成愤怨,聚一堆黑色的浓烟
喷出烟囱,那矗立的新观念,在古城楼对面!

怪得这嫩灰色一片,带疑问的春天
要泥黄色风沙,顺着白洋灰街沿,
再低着头去寻觅那已失落了的浪漫
到蓝布棉帘子,万字栏杆,仍上老店铺门槛?

寻去,不必有新奇的新发现,旧有保障
即使古老些,需要翡翠色甘蔗作拐杖
来支撑城墙下小果摊,那红鲜的冰糖葫芦(注)*此诗中"注"系林徽因自注。

仍然光耀,串串如同旧珊瑚,还不怕新时代的尘土。

廿六年春　北平

注:北平称山楂作红果,称插在竹篾上糖山楂作"冰糖葫芦"。

前后

> 初刊于一九三七年五月十六日《大公报》「文艺副刊」第三百三十六期,署名林徽因。此期为「诗歌特刊」。

河上不沉没的船
载着人过去了;
桥——三环洞的桥基,
上面再添了足迹;
早晨,
早又到了黄昏,
这赓续
绵长的路……

不能问谁
想望的终点,——
没有终点
这前面。
背后,
历史是片累赘!

去春

> 初刊于一九三七年八月一日《文学杂志》第一卷第四期,署名林徽因。

不过是去年的春天,花香,
红白的相间着一条小曲径,
在今天这苍白的下午,再一次登山
回头看,小山前一片松风
就吹成长长的距离,在自己身旁。

人去时,孔雀绿的园门,白丁香花,
相伴着动人的细致,在此时,
又一次湖冰将解的季候,已全变了画。
时间里悬挂,迎面阳光不来,
就是来了也是斜抹一行沉寂记忆,树下。

除夕看花

初刊于一九三九年六月二十八日香港《大公报》"文艺副刊",署名灰因。

新从嘈杂着异乡口调的花市上买来,
碧桃雪白的长枝,同红血般的山茶花。
着自己小角隅再用精致鲜妍来结采
不为着锐的伤感,仅是钝的还有剩余下!

明知道房里的静定,像弄错了季节,
气氛中故乡失得更远些,时间倒着悬挂;
过年也不像过年,看出灯笼在燃烧着点点血,
帘垂花下已记不起旧时热情,旧日的话。

如果心头再旋转着熟识旧时的芳菲,
模糊如条小径越过无数道篱笆,
纷纭的花叶枝条,草香弄得人昏迷,
今日的脚步,再不甘重踏上前时的泥沙。

月色已冻住,指着各处山头,河水更零乱,
关心的是马蹄平原上辛苦,无响在刻画。
除夕的花已不是花,仅一句言语梗在这里,
抖战着千万人的忧患,每个心头上牵挂。

春天
田里漫步

> 初刊于一九四八年七月二十五日《平明日报·星期艺文》,署名林徽因。写作时间为一九四〇年。

春天田里,慢慢的,有花开,
有人说是忧愁,——
有人说不是:人生仅有
无谓的空追求!
那么是寂寞了,诗意的悲哀
心这样悠悠;
　　古今仍是一样,
　　河水缓缓的流。

青青草原,新绿迫到眼前,
有人说是春风,——
有人说不是;季候正逢
情感的天空,
或许是自己呢,怀念远边,
心这样吹动?

古今永远不变,

春日迟迟中红。

一九四〇 四川李庄上□初病后

一天

> 以《病中杂诗九首》为总题的「九首」之四,初刊于一九四八年五月《文学杂志》第二卷第十二期,署名林徽因。此期为「诗歌专号」。写作时间为一九四二年春。

今天十二个钟头,

是我十二个客人,

每一个来了,又走了,

最后夕阳拖着影子也走了!

我没有时间盘问我自己胸怀,

黄昏却蹑着脚,好奇的偷着进来!

我说:朋友,这次我可不对你诉说啊,

每次说了,伤我一点骄傲。

黄昏黯然,无言的走开,

孤单的,沉默的,我投入夜的怀抱!

三十一年春　李庄

十一月的小村

以《病中杂诗九首》为总题的「九首」之七,初刊于一九四八年五月《文学杂志》第二卷第十二期,署名林徽因。此期为「诗歌专号」。写作时间为一九四四年初冬。

我想象我在轻轻的独语:
十一月的小村外是怎样个去处?
是这渺茫江边淡泊的天;
是这映红了的叶子疏疏隔着雾;
是乡愁,是这许多说不出的寂寞;
还是这条独自转折来去的山路?
是村子迷惘了,绕出一丝丝青烟;
是那白沙一片篁竹围着的茅屋?
是枯柴爆裂着灶火的声响,
是童子缩颈落叶林中的歌唱?
是老农随着耕牛,远远过去,
还是那坡边零落在吃草的牛羊?
是什么做成这十一月的心,
十一月的灵魂又是谁的病?
山坳子叫我立住的仅是一面黄土墙;
下午透过云霾那点子太阳!
一棵野藤绊住一角老墙头,斜睨

两根青石架起的大门，倒在路旁
无论我坐着，我又走开，
我都一样心跳；我的心前
虽然烦乱，总像绕着许多云彩，
但寂寂一湾水田，这几处荒坟，
它们永说不清谁是这一切主宰
我折一根柱杖，看下午最长的日影
要等待十一月的回答微风中吹来。

三十三年初冬　李庄

哭三弟恒
——三十年 *

空战阵亡

* 「三十年」即「中华民国三十年」,为一九四一年。

以《病中杂诗九首》为总题的「九首」之九,初刊于一九四八年五月《文学杂志》第二卷第十二期,署名林徽因。此期为「诗歌专号」。写作时间为一九四四年。

弟弟,我没有适合时代的语言
来哀悼你的死;
它是时代向你的要求,
简单的,你给了。
这冷酷简单的壮烈是时代的诗
这沉默的光荣是你。

假使在这不可免的真实上
多给了悲哀,我想呼喊,
那是——你自己也明了——
因为你走得太早,
太早了,弟弟,难为你的勇敢,
机械的落伍,你的机会太惨!

三年了,你阵亡在成都上空,
这三年的时间所做成的不同,
如果我向你说来,你别悲伤,

因为多半不是我们老国，
而是他人在时代中辗动，
我们灵魂流血，炸成了窟窿。

我们已有了盟友、物资同军火，
正是你所曾经希望过。
我记得，记得当时我怎样同你
讨论又讨论，点算又点算，
每一天你是那样耐性的等着，
每天却空的过去，慢得像骆驼！

现在驱逐机已非当日你最想望
驾驶的"老鹰式七五"那样——
那样笨，那样慢，啊，弟弟不要伤心，
你已做到你们所能做的，
别说是谁误了你，是时代无法衡量，
中国还要上前，黑夜在等天亮。

弟弟，我已用这许多不美丽言语
算是诗来追悼你，
要相信我的心多苦，喉咙多哑，
你永不会回来了，我知道，
青年的热血作了科学的代替；
中国的悲怆永沉在我的心底。

啊，你别难过，难过了我给不出安慰。
我曾每日那样想过了几回：
你已给了你所有的，同你去的弟兄
也是一样，献出你们的生命；
已有的年轻一切；将来还有的机会，
可能的壮年工作，老年的智慧；

可能的情爱，家庭，儿女，及那所有
生的权利，喜悦；及生的纷纠！
你们给的真多，都为了谁？你相信
今后中国多少人的幸福要在
你的前头，比自己要紧；那不朽
中国的历史，还需要在世上永久。

你相信，你也做了，最后一切你交出。
我既完全明白了，为何我还为着你哭？
只因你是个孩子却没有留什么给自己，
小时我盼着你的幸福，战时你的安全，
今天你没有儿女牵挂需要抚恤同安慰，
而万千国人像已忘掉，你死是为了谁！

　　　　　　　　　　　　　三十三年　李庄

忧郁

*一九四四年写于李庄。

> 以《病中杂诗九首》为总题的「九首」之八,初刊于一九四八年五月《文学杂志》第二卷第十二期,署名林徽因。此期为「诗歌专号」。

忧郁自然不是你的朋友;
但也不是你的敌人,你对他不能冤屈!
他是你强硬的债主,你呢?是
把自己灵魂压给他的赌徒。

你曾那样拿理想赌博,不幸
你输了;放下精神最后保留的田产,
最有价值的衣裳,然后一切你都
赔上,连自己的情绪和信仰,那不是自然?

你的债权人他是,那么,别尽问他脸貌
到底怎样!呀天,你如果一定要看清
今晚这里有盏小灯,灯下你无妨同他
面对面,你是这样的绝望,他是这样无情!

对残枝

* 一九四六年写于昆明。

> 以《病中杂诗九首》为总题的「九首」之五,初刊于一九四八年五月《文学杂志》第二卷第十二期,署名林徽因。此期为「诗歌专号」。

梅花你这些残了后的枝条,
是你无法诉说的哀愁!
今晚这一阵雨点落过以后,
我关上窗子又要同你分手。

但我幻想夜色安慰你伤心,
下弦月照白了你,最是同情,
我睡了,我的诗记下你的温柔,
你不妨安心放芽去做成绿荫。

对北门街园子

*一九四六年写于昆明。

以《病中杂诗九首》为总题的「九首」之六,初刊于一九四八年五月《文学杂志》第二卷第十二期,署名林徽因。此期为「诗歌专号」。

别说你寂寞;大树拱立,
草花烂漫,一个园子永远
睡着;没有脚步的走响。

你树梢盘着飞鸟,每早云天
吻你额前,每晚你留下对话
正是西山最好的夕阳。

孤岛

> 初刊于一九四七年一月四日《益世报》"文学周刊"第二十二期,署名林徽因。此期为"诗与散文特辑"。

遥望它是充满画意的山峰
远立在河心里高傲的凌耸
可怜它只是不幸的孤岛,——
天然没有埂堤,人工没搭座虹桥。

他同他的映影永为周围水的囚犯;
陆地于它,是达不到的希望!
早晚寂寞它常将小舟挽住,
风雨时节任江雾把自己隐去。

晴天它挺着小塔,玲珑独对云心;
盘盘石阶,由钟声松林中,超出安静。
特殊的轮廓它苦心孤诣做成,
漠漠大地又那里去找一点同情?

死是安慰

> 初刊于一九四七年一月四日《益世报》「文学周刊」第二十二期,署名林徽因。此期为「诗与散文特辑」。

个个连环,永打不开,
生是个结,又是个结!
　　死的实在,
　　　　一朵云彩。

一根绳索,永远牵住,
生是张风筝,难得飘远,
　　死是江雾,
　　　　迷茫飞去!

长条旅程,永在中途,
生是串脚步,泥般沉重,——
　　死是尽处,
　　　　不再辛苦。

一曲溪涧,日夜流水,
生是种奔逝,永在离别!
　　死只一回,
　　　它是安慰。

给秋天

> 初刊于一九四七年五月四日《大公报》"星期文艺"副刊第三十期时为《诗（三首）》之一，署名林徽因。

正与生命里一切相同，
我们爱得太是匆匆；
好像只是昨天，
你还在我的窗前！

笑脸向着晴空
你的林叶笑声里染红
你把黄光当金子般散开
稚气，豪侈，你没有悲哀。

你的红叶是亲切的牵绊，那零乱
每早必来缠住我的晨光。
我也吻你，不顾你的背影隔过玻璃窗！
你常淘气的闪过，却不对我忸怩。

可是我爱得多么疯狂，
竟未觉察凄厉的夜晚

已在你背后尾随，——
等候着把你残忍的摧毁！

一夜呼号的风声
果然没有把我惊醒，
等到太晚的那个早晨
啊。天！你已经不见了踪影。

我苛刻的咒诅自己
但现在有谁走过这里，
除却严冬铁样长脸
阴霾中，偶然一见。

人生

> 初刊于一九四七年五月四日《大公报》「星期文艺」副刊第三十期时为《诗(三首)》之二,署名林徽因。

人生
你是一支曲子,
我是歌唱的;

你是河流
我是条船,一片小白帆
我是个行旅者的时候,
你,田野,山林,峰峦。

无论怎样,
颠倒密切中牵连着
你和我,
我永从你中间经过;

我生存,
你是我生存的道河〔河道〕
理由同力量。

你的存在
则是我胸前心跳里
五色的绚彩。

但我们彼此交错
并未彼此留难。
……
现在我死了,
你,——
我把你再交给他人负担!

展缓

> 初刊于一九四七年五月四日《大公报》"星期文艺"副刊第三十期时为《诗(三首)》之三,署名林徽因。

当所有的情感
都并入一股哀怨
如小河,大河,汇向着
无边的大海,——不论
怎么冲击,怎样盘旋,——
那河上劲风,大小石卵,
所做成的几处逆流
小小港湾,就如同
那生命中,无意的宁静
避开了主流;情绪的
平波越出了悲愁。

停吧,这奔驰的血液;
它们不必全然废弛的
都去造成眼泪。
不妨多几次辗转;溯回流水,
任凭眼前这一切撩乱,

这所有，去建筑逻辑。
把绝望的结论，稍稍
迟缓；拖延时间，——
拖延理智的判断，——
会再给纯情感一种希望！

桥

> 初刊于一九四八年八月二日《益世报》"文学周刊"第一百零三期,署名林徽音。写作时间为一九四七年六月。

它的使命:

  南北两岸莽莽两条路的携手;

它的完成

  不挡江月东西,船只上下的交流;

它的肩背

  坚定的让脚步上面经过,找各人的路去;

它的胸怀,

  虚空的环洞,不把江心洪流堵住。

它是座桥:

  一条大胆的横梁,立脚于茫茫水面;

一堆泥石,

  辛苦堆积或造形的完美,在自然上边;

一掬理智,

  适应数理的神奇,支持立体的纪念;

一次人工,

  矫正了造化的疏忽,将隔绝的重新牵连!

它是座桥，
  看那平衡两排如同静思的栏杆；
它的力量，
  两座桥墩下，多粗壮的石头镶嵌；
它的忍耐，
  容每道车辙刻入脚印已磨光的石板；
它的安闲，
  岁月里增进，让钓翁野草随在身旁。

它的美丽，
  如同山月的锁钥，正见出人类匠心；
它的心灵，
  浸入寒波，在一钩倒影里续成圆形；
它的存在，
  却不为嬉戏的闲情——而为责任；
它的理想，
  该寄给人生的行旅者一种虔诚。

三十六年六月

恶劣的心绪

> 以《病中杂诗九首》为总题的「九首」之二,初刊于一九四八年五月《文学杂志》第二卷第十二期,署名林徽因。此期为「诗歌专号」。写作时间为一九四七年十二月。

我病中,这样缠住忧虑和烦扰,
好像西北冷风,从沙漠荒原吹起,
逐步吹入黄昏街头巷尾的垃圾堆;
在霉腐的琐屑里寻讨安慰,
自己在万物消耗以后的残骸中惊骇,
又一点一点给别人扬起可怕的尘埃!

吹散记忆正如陈旧的报纸飘在各处彷徨,
破碎支离的记录只颠倒提示过去的骚乱。
多余的理性还像一只饥饿的野狗
那样追着空罐同肉骨,自己寂寞的追着
咬嚼人类的感伤;生活是什么都还说不上来,
摆在眼前的已是这许多渣滓!

我希望:风停了;今晚情绪能像一场小雪,
沉默的白色轻轻降落地上;
雪花每片对自己和他人都带一星耐性的仁慈,

一层一层把恶劣残破和痛苦的一起掩藏;
在美丽明早的晨光下,焦心暂不必再有,——
绝望要来时,索性是雪后残酷的寒流!

三十六年十二月　病中动手术前

写给我的大姊

* 一九四七年写于北平。

> 以《病中杂诗九首》为总题的「九首」之三,初刊于一九四八年五月《文学杂志》第二卷第十二期,署名林徽因。此期为「诗歌专号」。

当我去了,还有没说完的话,
好像客人去后杯里留下的茶;
说的时候,同喝的机会,都已错过,
主客黯然,可不必再去惋惜它。
如果有点感伤,你把脸掉向窗外,
落日将尽时,西天上,总还留有晚霞。

一切小小的留恋算不得罪过,
将尽未尽的衷曲也是常情。
你原谅我有一堆心绪上的闪躲,
黄昏时承认的,否认等不到天明;
有些话自己也还不曾说透,
他人的了解是来自直觉的会心。

当我去了,还有没说完的话,
像钟敲过后,时间在悬空里暂挂,
你有理由等待更美好的继续;

对忽然的终止,你有理由惧怕。
但原谅吧,我的话语永远不能完全,
亘古到今情感的矛盾做成了嘶哑。

小诗（一）

*一九四七年写于北平。

> 以《病中杂诗九首》为总题的「九首」之一，初刊于一九四八年五月《文学杂志》第二卷第十二期，此期为"诗歌专号"。《小诗（一）》和《小诗（二）》初刊时为《小诗》一首中的「（一）」和「（二）」，署名林徽因。

感谢生命的讽刺嘲弄着我，
会唱的喉咙哑成了无言的歌。
一片轻纱似的情绪，本是空灵，
现时上面全打着拙笨补钉。

肩头上先是挑起两担云彩，
带着光辉要在从容天空里安排；
如今黑压压沉下现实的真相，
灵魂同饥饿的脊梁将一起压断！

我不敢问生命现在人该当如何
喘气！经验已如旧鞋底的穿破，
这纷歧道路上，石子和泥土模糊，
还是赤脚方便，去认取新的辛苦。

小诗（二）

* 一九四七年写于北平。

以《病中杂诗九首》为总题的「九首」之一，初刊于一九四八年五月《文学杂志》第二卷第十二期，此期为「诗歌专号」。《小诗（二）》和《小诗（一）》。初刊时为《小诗（一）》一首中的「（二）和「（一）」，署名林徽因。

小蚌壳里有所有的颜色；
整一条虹藏在里面。
绚采［彩］的存在是他的秘密，
外面没有夕阳，也不见雨点。

黑夜天空上只一片渺茫；
整宇宙星斗那里闪亮，
远距离光明如无边海面，
是每小粒晶莹，给了你方向。

六点钟在下午

初刊于一九四八年二月二十二日《经世日报》「文艺周刊」第五十八期,作为「林徽因诗」中《空虚的薄暮》两首之一,署名林徽因。写作时间为一九四七年冬。

用什么来点缀

六点钟在下午?

六点钟在下午

点缀在你生命中,

仅有仿佛的灯光,

褪败的夕阳,窗外

一张落叶在旋转!

用什么来陪伴

六点钟在下午?

六点钟在下午

陪伴着你在暮色里闲坐;

等光走了,影子变换,

一支烟,为小雨点

继续着,无所盼望!

破晓

> 初刊于一九四八年九月五日《平明日报·星期艺文》,署名林徽因。写作时间为一九四七年十二月二十三日(冬至)。

木格子窗上,支支哑哑的响。
薄像薄冰的纸上,一层微光。
早晨的睡眼见不到一点温暖,
你同熄了的炉火还在留恋昨晚。

忽然钟声由冻骤的空中敲出,
悠扬的击节,寒花开在山谷!
这时,任何的梦该都卷起,好好收藏;
又一天的日子已迈过你的窗栏。

三六,冬至,平 西郊

昆明即景

> 初刊于一九四八年二月二十二日《经世日报》"文艺周刊"第五十八期,作为"林徽因诗"中第一首,署名林徽因。

一 茶铺

这是立体的构画,
　　描在这里许多样脸,
在顺城脚的茶铺里
　　隐隐起喧腾声一片。

各种的姿势,生活,
　　刻划着不同方面:
茶座上全坐满了,笑的,
　　皱眉的,有的抽着旱烟。

老的,慈祥的面纹,
　　年青[轻]的,灵活的眼睛,
都暂要时间茶杯上
　　停住,不再去扰乱心情!

一天一整串辛苦,
　　此刻才赚回小把安静,
夜晚回家,还有远路,
　　白天,谁有工夫闲看云影?

不都为着真的口渴,
　　四面窗开着,喝茶,
跷起膝盖的是疲乏,
　　赤着臂膀好同乡邻闲话。

也为了放下扁担同肩背
　　向运命喘息,倚着墙,
每晚靠这一碗茶的生趣
　　幽默估量生的短长……

这是立体的构画,
　　设色在小生活旁边,
荫凉南瓜棚下茶铺,
　　热闹照样的又过了一天!

二　小楼

张大爹临街的矮楼，　*初稿中"张大爹临街的矮楼"为"那上七下八临街的矮楼"。昆明旧式民居典型制式为底楼高八尺，二层高七尺。

半藏着，半挺着，立在街头，
瓦覆着它，窗开一条缝，
夕阳染红它，如写下古远的梦。

矮檐上长点草，也结过小瓜，
破石子路在楼前，无人种花，
是老坛子，瓦罐，大小的相伴；
尘垢列出许多风趣的零乱。

但张大爹走过，不吟咏它好；
大爹自己（上年纪了）不相信古老。
他拐着杖常到隔壁沽酒，
宁愿过桥，土堤去看新柳！

一串疯话

初刊于一九四八年二月二十二日《经世日报》"文艺周刊"第五十八期,作为「林徽因诗」中《年轻的歌》两首之一,署名林徽因。另一首为《你来了》。

好比这树丁香,几枝山红杏,
相信我的心里留着有一串话,
绕着许多叶子,青青的沉静,
风露日夜,只盼五月来开开花!

如果你是五月,八百里为我吹开
蓝空上霞彩,那样子来了春天,
忘掉腼腆,我定要转过脸来,
把一串疯话全说在你的面前!

古城黄昏

> 初刊于一九四八年八月二日《益世报》"文学周刊"第一百零三期,署名林徽音。

我见到古城在斜阳中凝神;
城楼望着城楼,
忘却中间一片黄金的殿顶;
十条闹街还散在脚下,
虫蚁一样有无数行人。

我见到古城在黄昏中凝神;
乌鸦噪聒的飞旋,
废苑古柏在困倦中支撑;
无数坛庙寂寞与荒凉,
锁起一座一座剥落的殿门!

我听到古城在薄暮中独语;
僧寺悄寂,熄了香火,
钟声沉下,市声里失去;
车马不断扬起年代的尘土,
到处风沙叹息着历史。

诗

——自然的赠与

> 初刊于一九四八年九月五日《平明日报·星期艺文》,署名林徽因。

花刺是花的幽默,
颜色,她的不谨慎。
花香是她留给你的友谊;
她残了,委曲里没有恨!

星光赠你的是冷;
夜深时你会爱这安静,
满天闪烁整宇宙智慧,
他们愿意照入你的心灵。

湖上微风是同你说笑;
他爱湖波情绪的激动。
他懂水藻,蜻蜓,和一切闲情,
他爱水底倒映认真的晴空。

红叶秋林是秋天的火焰,
终要烧成焦燥同凋零,
让它铺着山径为你的散步,
盼你踏着忧愁给草木同情。

自然这样默默的赠与;
种种的提示都是安慰。
美丽对你永远慷慨,
你的情绪要从她上面映回。

我们的雄鸡

初刊于一九九二年五月人民文学出版社与香港生活·读书·新知三联书店分别出版的《中国现代作家选集·林徽因》。写作时间为一九四八年二月十八日。作者生前未曾发表。

我们的雄鸡从没有以为
　　自己是孔雀
自信他们鸡冠已够他
　　仰着头漫步——
一个院子他绕上了一遍
　　仪表风姿
都在群雌的面前！

我们的雄鸡从没有以为
　　自己是首领
晓色里他只扬起他的呼声
　　这呼声叫醒了别人
他经济的保留这种叫喊
　　（保留那规则）
于是便象征了时间！

　　　　　　　　一九四八年二月十八日　清华

散文

是谁笑弯了桃枝 抑或是
那样同时，一笑一笑地
大+向着光亮，迸出蕊来了
清泉展泽动 汨流到池四下
深涧

是谁笑浮动花儿开了一朵朵？
那抹艳丽瓦不惊动谁？
细香无意中逐着风远
拂至短墙外，在斜阳下
留恋。

诗歌

散文

> 初刊于一九三一年八月二十三日北平《晨报副刊》,署名林徽音。

希望不因《软体动物》的公演引出硬体的笔墨官司

八月二日在这刊上,我根据两位小剧院的设计人,关于《软体动物》的"设计"和"幕后"提到的几点困难,不避嫌疑的用技术眼光,讨论起来。公平说,天是这样的热,小剧院这次的公演的成绩又是打破记录的成功,委实不该再"求全责备"有像我那样煞风景的讨论!看到本月九日陈治策先生标题答复我的文字,我怔了,生怕又因此引出真正硬体的笔墨官司,来增加剧界的烦恼,更增加我个人的罪过。

好在陈先生标题虽然有"答复"字样,来得怕人,其实对于我提到诸点,并没有技术上的驳难,也没有准确的答复,只有表示承认和同意,所以现在可不必再提了。他另有几个责问,现在我回答他:

(一)"干吗不牺牲一晚的工夫看一看他们的公演"?

答:因为鄙人是卧病在西山四个来月的一个真正的"软体动物",没有随便起来的自由,更提不到进城看戏(虽曾提议却被阻止了),这是个人没有眼福,并不是不肯"牺牲一晚的工夫"(不幸今天报上又误载鄙夫妇参与跳舞盛会的新闻,就此声明省得犯诳言欺人之罪）。

（二）"两次幕后生活""只是一种趣话""引人入胜""可否作为批评根据"？

答：我认为根据设计人员自己说的"设计"和"幕后"来讨论他们的设计和幕后问题是再对没有了。尤其是我所提出讨论的并没有与事实有不符之处，更没有引用别人"口传"关于他们布景的毛病，或是臆造他们公演时，布景上种种的弊病，只是对于他们幕后组织和设计态度上发了疑问。陈先生的"幕后"虽全是些趣话却也呈露出内容真相不少，所以我这不知趣的人也就因此求全责备了的讨论起来。

（三）"你忽略了'完成了化装排演'这些字了"，又"有些误会"，又"化装排演和正式公演常有天渊的不同呢"。

答：我并未误会他们任何一桩事，（陈先生亦未说明误会了些什么）我现在更要郑重声明我并未将他们化装排演误会作正式公演，不止如此，他们正式公演的情景，我知道得很详细，我所以不引用别人报告传说的缘故，就是要公平，要慎重，不敢"根据别人口头传说"。至于化装排演和公演并不该有"天渊之别"是浅而易见的：排演的目的是练习次日公演时所有各方面的布景，试验各种布景之有无弊病以备次日改良的。化装排演太乱，道具与次日公演时用的太不相同，则这化装排演基本功用和意义已失去不少，次日公演的成绩必会受其影响的。

（四）"那篇文章如果是看了之后写的，你一定会批评得对喽"。

答：前篇文章是根据他们设计人的文章写的，差不多全是讨论，无所谓批评。讨论诸点如 1. 布景不该因为有困难而"处处将就"。2."借"在布景艺术里是常情，不应将这困难看过重了。3.因为他们本来要白单子而又换了毛毡（深色的），使我对于他们色彩设计怀疑，疑心他们对于色彩调和问题并未顾到；疑心他们对于色彩问题，根本不讲究；疑心他们不理会到寻常白色在台上之不相宜。4.如窗子玻璃等小技巧，他们未曾实验些较妥方法，似乎不算卖尽力气的认真。

这些问题我希望都没有议论错了。陈先生对第二点已完全同意，别的却也未指出我不"对"的地方。

（五）"公平的批评""成功不成功"问题。

答：我没看到公演，所以我文里第一段即将我的立足点表明了。我说"读到文章……所得印象"……等等。即对于布景也是因为没有看到公演，所以没有胡乱批评一句话。我是根据看过的人不满意的意思（并且公开发表出来的），再根据当事人所述的幕后的确实情形，用技术原则，探讨其所以不满人意的原由。在事前我虽详细的问过八九个对新剧有见识的朋友，他们那一晚对于布景的印象和意见（失望或是满意），我却没有引用这"口头传说"，为的是谨慎，公平。现在陈先生既要"看过那戏的人"公平批评，我只得老实说，他们多人没有称扬只有不满这次布景，是个不能否认的事实。也因此我有"成绩上有失败点"的话（注意点字），这并不是说他们这次公演不算一个总成功。请别"误会"。

其实演新剧最招物议的常常是布景，而新剧的布景也实在不容易讨好。被评论本不算什么一回事，布景人宜早预备下卖力气不怕批评的勇气才好。再说，一新剧本来最负责的人（也就是最易受评论的人）是导演人，这次各方面文章里"导演"两字竟没有人提到，更不说有人评论，这个到底是导演人之幸与不幸还是问题。我承认这次布景上文字，本来只是设计人自己的几句"趣语"，不巧遇着我这样不知趣的人过于认真写了一大篇。俗语说"冤家怕是同行"！不过每件学问的促进常是靠着"同行"的争论的，希望两位设计人特别大量谅解和优容。

（六）关于时间欠从容问题。

严格说，时间是在设计人的预算之内，根本就该从容的，除非有不得已的情形和意外。协和礼堂不能早借，这情形的困苦，我是知道的，并且表十三分的同情。区署不准演的确是意外，如果已办妥应办手续。天下雨却不在例内，"道具"不早借而要等"最后一晚"也未免奇怪。陈先生提到如何大雨不能骑车、折回等情，是否足够做布景不能如愿的阻碍，好像和我上次设下的比喻"起晚了没有买到钉子"相类的不能成立。

末了，天实在是太热，人也很病，我诚意的希望这回不成了笔墨官司，互相答复下去。我的"软体动物"期限一满，不难即和小剧院同人握手的。看守人迫我声明，这是最末次的笔答，不然这官司怕要真打到协和医院的病房里去。

悼志摩

初刊于一九三一年十二月七日《北平晨报》第九版"北晨学园"副刊"哀悼志摩专号"，署名林徽音。

十一月十九日，我们的好朋友，许多人都爱戴的新诗人，徐志摩突兀的，不可信的，惨酷的，在飞机上遇险而死去。这消息在二十日的早上像一根针刺猛触到许多朋友的心上，顿使那一早的天墨一般的昏黑，哀恸的咽哽锁住每一个人的嗓子。

志摩……死……谁曾将这两个句子联在一处想过！他是那样活泼的一个人，那样刚刚站在壮年的顶峰上的一个人。朋友们常常惊讶他的活动，他那像小孩般的精神和认真，谁又会想到他死？

突然的，他闯出我们这共同的世界，沉入永远的静寂，不给我们一点预告，一点准备，或是一个最后希望的余地。这种几乎近于忍心的决绝，那一天不知震麻了多少个朋友的心？现在那不能否认的事实，仍然无情的挡住我们前面。任凭我们多苦楚的哀悼他的惨死，多迫切的希翼能够仍然接触到他原来的音容，事实是不会为体贴我们这悲念而有些须更改；而他也再不会为不忍我们这伤悼而有些须活动的可能！这难堪的永远静寂和消沉便是死的最惨酷处。

我们不迷信的，没有宗教的望着这死的帏幕，更是丝毫没有把握。张开口我们不会呼吁，闭上眼不会入梦，徘徊在理智和情感的边沿，我们不能预期后会，对这死，我们只是永远发怔，吞咽枯涩的泪，待时间来剥削这哀恸的尖锐，痂结我们每次悲悼的创伤。那一天下午初得到消息的许多朋友不是全跑到胡适之先生家里么？但是除却拭泪相坐［对］，默然围坐外，谁也没有主意，谁也不知有什么话说，对这死！

谁也没有主意，谁也没有话说！事实不容我们安插任何的希望，情感不容我们不伤悼这突兀的不幸，理智又不容我们有超自然的幻想！默然相对，默然围坐……而志摩则仍是死去没有回头，没有音讯，永远的不会回头，永远的不会再有音讯。

我们中间没有绝对信运命之说的，但是对着这不测的人生，谁不感到惊异，对着那许多事实的痕迹又如何不感到人力的脆弱，智慧的有限。世事尽有定数？世事尽是偶然？对这永远的疑问我们什么时候能有完全的把握？

在我们前边展开的只是一堆坚质的事实：

"是的，他十九晨有电报来给我……

"十九早晨，是的！说下午三点准到南苑，派车接……

"电报是九时从南京飞机场发出的……

"刚是他开始飞行以后所发……

"派车接去了，等到四点半……说飞机没有到……

"没有到……航空公司说济南有雾……很大……"只是一个钟头的差别；下午三时到南苑，济南有雾！谁相信就是这一个钟头中便可以有这么不同事实的发生，志摩，我的朋友！

他离平的前一晚我仍见到，那时候他还不知道他次晨南旋［旅］的，飞机改期过三次，他曾说如果再改下去，他便不走了的。我和他同由一个茶会出来，在总布胡同口分手。在这茶会里我们请的是为太平洋会议来的一个柏雷博士,因为他是志摩生平最爱慕的女作家曼殊斐儿的姊丈,志摩十分的殷勤;希望可以再从柏雷口中得些关于曼殊斐儿早年的影子,只因限于时间,我们茶后匆匆的便散了。晚上我有约会出去了,回来时很晚,听差说他又来过,适遇我们夫妇刚走,他自己坐了一会〈儿〉,喝了一壶茶,在桌上写了些字便走了。我到桌上一看:——

"定明早六时飞行,此去存亡不卜……"我怔住了,心中一阵不痛快,赶忙给他一个电话。

"你放心,"他说,"很稳当的,我还要留着生命看更伟大的事迹呢,那能便死?……"

话虽是这样说,他却是已经死了整两周了!

凡是志摩的朋友,我相信全懂得,死去他这样一个朋友是怎么一回事!

现在这事实一天比一天更结实,更固定,更不容否认。志摩是死了,这个简单惨酷的实际早又添上时间的色彩,一周,两周,一直的增长下去……

我不该在这里语无伦次的尽管呻吟我们做朋友的悲哀情绪。归根说,读者抱着我们这些文字看,也就是像志摩请柏雷一样,要从我们口里再听到关于志摩的一些事。这个我明白,只怕我不能使你们满意,因为关于他的事,动听的,使青年人知道这里有个不可多得的人格存在的,实在太多,决不是几千字可以表达得完。谁也得承认像他这样的一个人世间便不轻易有几个的,无论在中国或是外国。

我认得他,今年整十年,那时候他在伦敦经济学院,尚未去康桥。我初次遇到他,也就是他初次认识到影响他迁学的逖更生先生。不用说他和我父亲最谈得来，虽然他们年岁上差别不算少，一见面之后便互相引为知己。他到康桥之后由遂更生介绍进了皇家学院，当时和他同学的有我姊丈温君源宁。一直到最近两月中源宁还常在说他当时的许多笑话，虽然说是笑话，那也是他对志摩最早的一个惊异的印象。志摩认真的诗情，绝不含有丝毫矫伪，他那种痴，那种孩子似的天真实能令人惊讶。源宁说，有一天他在校舍里读书，外边下了倾盆大雨——惟是英伦那样的岛国才有的狂雨——忽然他听到有人猛敲他的房门，外边跳进一个被雨水淋得全湿的客人。不用说他便是志摩，一进门一把扯着源宁向外跑，说快来我们到桥上去等着。这〈一〉来把源宁怔住了，他问志摩等什么在这大雨里。志摩睁大了眼睛，孩子似的高兴地说："看雨后的虹去。"源宁不止说他不去，并且劝志摩趁早将湿透的衣服换下，再穿上雨衣出去，英国的湿气岂是儿戏。志摩不等他说完，一溜烟的自己跑了！

  以后我好奇的曾问过志摩这故事的真确，他笑着点头承认这全段故事的真实。我问：那么下文呢，你立在桥上等了多久，并且看到异了没有？他说记不清，但是他居然看到了虹。我诧异的打断他对那虹的描写，问他：怎么他便知道，准会有虹的。他得意的笑答我说："完全诗意的信仰！"

  "完全诗意的信仰"，我可要在这里哭了！也就是为这"诗意的信仰"，他硬要藉航空的方便达到他"想飞"的素〔宿〕愿！"飞机是很稳当的，"他说，"如果要出事那是我的运命！"他真对运命这样完全诗意的信仰！

  志摩我的朋友，死本来也不过是一个新的旅程，我们没有到过的，不免过分的怀疑，死不定就比这生苦。"我们不能轻易断定那一边没有阳光与人情的温慰"，但是我前边说过最难堪的是这永远的静寂。我们生在这没有宗教的时代，对这死实在太没有把握了。这以后许多思念你的日子，怕要全是昏暗的苦楚，不会有一点点光明，除非我也有你那美丽诗意的信仰！

我个人的悲绪不竟又来扰乱我对他生前许多清晰的回忆，朋友们原谅。

诗人的志摩用不着我来多说，他那许多诗文便是估价他的天秤。我们新诗的历史才是这样的短，恐怕他的判断人尚在我们儿孙辈的中间。我要谈的是诗人之外的志摩。人家说志摩的为人只是不经意的浪漫，志摩的诗全是抒情诗，这断语从不认识他的人听来可以说很公平，从他朋友们看来实在是对不起他。志摩是个很古怪的人，浪漫固然，但他人格里最精华的却是他对人的同情，和蔼，和优容；没有一个人他对他不和蔼，没有一种人，他不能优容，没有一种情感，他绝对的不能表同情。我不说了解，因为不是许多人爱说志摩最不解人情么？我说他的特点也就在这上头。

我们寻常人就爱说了解；能了解的我们便同情，不了解的我们便很落漠乃至于酷刻。表同情于我们能了解的，我们以为很适当；不表同情于我们不能了解的，我们也认为很公平。志摩则不然，了解与不了解，他并没有过分的夸张，他只知道温存，和平，体贴，只要他知道有情感的存在，无论出自何人，在何等情况之下，他理智上认为适当与否，他全能表几分同情。他真能体会原谅他人与他自己不相同处。从不会刻薄的单支出严格的迫仄的道德的天秤指摘凡是与他不同的人。他这样的温和，这样的优容，真能使许多人惭愧，我可以忠实的说，至少他要比我们多数的人伟大许多；他觉得人类各种的情感动作全有它不同的价值放大了的人类的眼光，同情是不该只限于我们划定的范围内。他是对的，朋友们，归根说，我们能够懂得几个人，了解几桩事，几种情感？那一桩事，那一个人没有多面的看法！如此说来志摩朋友之多，不是个可怪的事；凡是认得他的人不论深浅对他全有特殊的感情，也是极自然的结果。而反过来看他自己在他一生的过程中却是很少得着同情的。不止如是，他还曾为他的一点理想的愚诚几次几乎不见容于社会。但是他却未曾为这个而鄙吝他给他人的同情心，他的性情，不曾为受了刺激而转变刻薄暴戾过，谁能不承认他几有超人的宽量。

　　志摩的最动人的特点，是他那不可信的纯净的天真。对他的理想的愚诚，对艺术欣赏的认真，体会情感的切实，全是难能可贵到极点。他站在雨中等虹；他甘冒社会的大不韪争他的恋爱自由；他坐曲折的火车到乡间去拜哈代；他抛弃博士一类的引诱卷了书包到英国，只为要拜罗素做老师；他为了一种特异的境遇，一时特异的感动，从此在生命途中冒险，从此抛弃所有的旧业，只是尝试写几行新诗——这几年新诗尝试的运命并不太令人踊跃，冷嘲热骂只是家常便饭——他常能走几里路去采几茎花，费许多周折去看一个朋友说两句话；这些，还有许多，都不是我们寻常能够轻易了解的神秘。我说神秘，其实竟许是傻，是痴！事实上他只是比我们认真，虔诚到傻气，到痴！他愉快起来他的快乐的翅膀可以碰得到天，他忧伤起来，他的悲感是深得没有底。寻常评价的衡量在他手里失了效用，利害轻重他只有他的看法，纯是艺术的情感的脱离寻常的原则，所以往常人常听到朋友们说到他总爱带着嗟叹的口吻说："那是志摩，你又有什么法子！"他真的是个怪人么？朋友们，不，一点都不是，他只是比我们近情，近理，比我们热诚，比我们天真，比我们对万物都更有信仰，对神，对人，对灵，对自然，对艺术！

朋友们，我们失掉的不止是一个朋友，一个诗人，我们丢掉的是个极难得可爱的人格。

至于他的文品全是抒情的么？他的兴趣只限于情感么？更是不对。志摩的兴趣是极广泛的。就有几件，说起来，不认得他的人便要奇怪。他早年很爱数学，他始终极喜欢天文，他对天上星宿的名字和部位就认得很多，最喜暑夜观星，好几次他坐火车都是带着关于宇宙的科学的书。他曾经疯过爱因斯坦的相对论，并且在一九二二年便写过一篇关于相对论的东西登在《民铎》杂志上。他常向思成说笑："任公先生的相对论的知识还是从我徐君志摩那篇大作上得来的呢，因为他说他看过许多关于爱因斯坦的哲学都未曾看懂，看到志摩的那篇才懂了。"今夏我在香山养病，他常来闲谈。有一天谈到他幼年上学的经过和美国克莱克大学两年学经济学的景况，我们不竟［禁］对笑了半天，后来他在他的《猛虎集》的"序"里也说了那末［么］一段。可是奇怪的！他不像许多天才，幼年里上学，不是不及格，便是被斥退，他是常得优等的，听说有一次康乃尔暑校里一个极严的经济教授还写了信去克来克大学教授那里恭维他的学生，关于一门很难的功课。我不是为志摩在这里夸张，因为事实上只有为了这桩事，今夏志摩自己便笑得不亦乐乎！

此外他的兴趣对于戏剧绘画都极深浓，戏剧不用说，与诗文是那么接近，他领略绘画的天才也颇可观，后期印象派的几个画家，他都有极精密的爱恶，对于文艺复兴时代那几位，他也很熟悉，他最爱鲍提且利和达文骞。自然他也常承认文人喜画常是间接的受了别人论文的影响，他的，就受了法兰（Roger Fry）和斐德（Walter Pater）的不少。对于建筑审美他常常对思成和我道歉说："太对不起，我的建筑常识全是Ruskins那一套。"他知道我们是最讨厌Ruskins的。但是为看一个古建的残址，一块石刻，他比任何人都热心，都更能静心领略。

他喜欢色彩，虽然他自己不会作画，暑假里他曾从杭州给我几封信，他自己叫它们做"描写的水彩画"，他用英文极细致的写出西桑田的颜色，每一分嫩绿，每一色鹅黄，他都仔细的观察到。又有一次他望着我园里一带断墙半晌不语，过后他告诉我说，他正在默默体会，想要描写那墙上向晚的艳阳和刚刚入秋的藤萝。

对于音乐，中西的他都爱好，不止爱好，他那种热心便唤醒过北平一次——也许惟一的一次——对音乐的注意。谁也忘不了那一年，客拉司拉到北平在"真光"拉一个多钟〈头〉的提琴。*客拉司拉，指美籍小提琴家Fritz Kreisler。"真光"指真光电影院，现儿童剧院。对旧剧他也得算"在行"，他最后在北平那几天我们曾接连的同去听好几出戏，回家时我们讨论的热闹，比任何剧评都诚恳都起劲。

谁相信这样的一个人，这样忠实于"生"的一个人，会这样早的永远的离开我们另投一个世界，永远的静寂下去，不再透些须声息！

我不敢再望［往］下写，志摩若是有灵听到比他年轻许多的一个小朋友拿着老声老气的语调谈到他的为人不觉得不快么？这里我又来个极难堪的回忆，那一年他在这同一个的报纸上写了那篇伤我父亲惨故的文章*指徐志摩一九二六年二月所作《伤双栝老人》一文。这梦幻似的人生转了几个弯,曾几何时,却轮到我在这风紧夜深里握笔吊他的惨变。这是什么人生?什么风涛?什么道路?志摩,你这最后的解脱未始不是幸福,不是聪明,我该当羡慕你才是。

惟其是脆嫩

　　活在这非常富于刺激性的年头里，我敢喘一口气说，我相信一定有多数人成天里为观察听闻到的，牵动了神经，从跳动而有血裹着的心底下累积起各种的情感，直冲出嗓子，逼成了语言到舌头上来。这自然丰富的累积，有时更会倾溢出少数人的唇舌，再奔进到笔尖上，另具形式变成在白纸上驰骋的文字。这种文字便全是我们这个时代的出产，大家该千万珍视它！

　　现在，无论在那里，假如有一个或多种的机会，我们能把许多这种自然触发出来的文字，交给同时代的大众见面，因而或能激动起更多方面，更复杂的情感，和由这情感而形成更多方式的文字；一直造成了一大片丰富而且有力的创作的田壤，森林，江山……产生结结实实的我们这个时代特有的表情和文章；我们该不该诚恳的注意到这机会或能造出的事业，各人将各人的一点点心血献出来尝试？

　　假使，这里又有了机会联聚起许多人，为要介绍许多方面的文字，更连而研讨文章的质的方面；或指出已往文章的历程，或讲究到各种文章上比较的问题，连而无形的讲究到程度和标准等问题，我又敢相信，在这种景况下定会发生更严重鼓励写作的主动力。使创作界增加问题，或许。惟其是增加了问题，才助益到创造界的活泼和健康。文艺决不是蓬勃丛生的野草。

我们可否直爽的承认一桩事？创作的鼓动时常要靠着刊物把它的成绩布散出去吹风，晒太阳，和时代的读者把晤的。被风吹冷了，太阳晒萎了，固常有的事。被读者所欢迎，所冷淡，或误会，或同情，归根应该都是激励创造力的药剂！至于，一来就高举趾，二来就气馁的作者，每个时代都免不了有他们起落踪迹。这个与创作界主体的展动只成枝节问题。那一个创作兴旺的时代缺得了介绍散布作品的刊物，同那或能同情，或不了解的读众？

创作品是不能不与时代见面的，虽然作者的名姓，则并不一定。伟大作品没有和本时代见面，而被他时代发现珍视的固然有，但也只是偶然例外的事。希腊悲剧是在几万人前面唱演的，莎士比亚的戏更是街头巷尾的粗人都看得到的。到有刊物时代的欧洲，更不用说，一首诗文出来人人争买着看，就是中国在印刷艰难的时候，也是什么"传诵一时"；什么"人手一抄"等……

创作的主力固在心底，但逼迫着这止有时间性的情绪语言而留它在空间里的，却常是刊物这一类的鼓励和努力所促成。

现在遍人间是能刺激起创作的主力。尤其在中国，这种日子，那一付［副］眼睛看到了些什么，舌头底下不立刻紧急的想说话，乃至于歌泣！如果创作界仍然有点消沉寂寞的话——努力的少，尝试的稀罕——那或是有别的缘故而使然。我们问：能鼓励创作界的活跃性的是些什么？刊物是否可以救济这消沉的？努力过刊物的诞生的人们，一定知道刊物又时常会因为别的复杂原因而夭折的。它常是极脆嫩的孩儿……。那么有创作冲动的笔锋，努力于刊物的手臂，此刻何不联在一起，再来一次合作，逼着创造界又挺出一个新鲜的萌芽！管它将来能不能成田壤，成森林，成江山，一个萌芽是一个萌芽。脆嫩？惟其是脆嫩，我们大家才更要来爱护它。

这时代是我们特有的，结果我们单有情感而没有表现这情绪的艺术，眼看着后代人笑我们是黑暗时代的哑子，没有艺术，没有文章，乃至于怀疑到我们有不有情感！

回头再看到祖宗传流下那神气的衣钵，怎不觉得惭愧！说世乱，杜老头子过的是什么日子！辛稼轩当日的愤慨当使我们同情！……何必诉，诉不完。难道现在我们这时代没有形形色色的人物，喜剧悲剧般的人生作题？难道我们现时没有美丽，没有风雅，没有丑陋，恐慌，没有感慨，没有希望?！难道连经这些天灾战祸，我们都不会描述，身受这许多刺骨的辱痛，我们都不会愤慨高歌迸出一缕滚沸的血流?！

难道我们真麻木了不成？难道我们这时代的语辞真贫穷得不能达意？难道我们这时代真没有学问真没有文章?！朋友们努力挺出一根活的萌芽来，记着这个时代是我们的。

初刊于一九三四年五月二十六日《华北日报·剧艺周》，署名林徽音。

第一幕

我想象到编剧时，一个作者对他的"第一幕"是怎样个态度，我总替作者难为情。好像一个母亲请客以前，在一堆孩子中间，对她的大女儿带着央求的口气说："你是大姊姊呢，你总得让一点，你还得替妈妈多帮点忙才是好孩子！"于是大姊姊脸红着，知道做大姊姊真是做大姊姊，你一点不能含糊，你自己的自尊心和骄傲就不容你。

于是一样是一幕，第一幕的肩膀上却多背上许多严重的责任，累得一身汗却不能令人知道你在忙些什么，回头好让弟弟妹妹干干净净，脸圆圆的，眼珠发着亮，还许带着顽皮相，一个接着一个出来，使人看了欢喜。

作者捧着一堆宝贵的材料，和第一幕商量：你看这一堆人物事实，我要告诉这全世界这些这些话，我要他们每个都听到，我还要他们都感到这些这些问题，这些这些人生的症结，花样，我要他们同我一样感触，疑虑，悲苦，快畅……你替我想想我该从那里开始。

你看，作者手指着幻想中的千万观众给第一幕看，这许多人老远的跑到这里来，老老实实的花了钱买了票，挤在人群中坐着等你，等你把我这一堆宝贵的材料好好的展览出来。你得知道我们时间真不多,你得经济,敏捷,一样一样的不露痕迹的介绍起来——地点,时间,人物的背景,互相的关系,人物每个的本身!

说起人物,作者更郑重的对着第一幕非常认真的脸望,说起人物,这可又要麻烦你特别的加小心,这里要紧的是明晰,不是铺张,出场的每一个人观众都不认识,说话里所提到的每一个亲戚,朋友,闲人,也都不能糊里糊涂,令人摸不着头脑。并且中坚人物之外,所有合作的配角,人数形状职务也要你第一幕自己选择。记着处处要经济,这些人物在剧文中既不是均等的重要,你第一幕就得帮忙观众节省精力,不要滥废了不必需的注意力,集中他们的精神抓住剧情的枢纽,或是人物的性格,或是其动作,计划的或偶然的,或是一件主要物事。

说到这里问题又严重了,第一幕的工作自然是介绍,在短时间中,你得介绍所有在开幕以前与剧文有关系的事实,你得介绍出来许多关系人物,但是事实人物之中又都有轻重之处,你陈列出来一堆事一堆人,观众对他们既都是陌生的,你又如何使他们不茫然不知何去何从呢?

如果你慌慌张张,把所有主要角色事物都捧出来,挤在混乱中间,等观众慢慢去猜想,或会悟那几个是重要的,自动的由混乱中集中注意,别说时间不经济,多数的观众根本就嫌太吃力,懒得用心到那样程度。观众本来不是到剧场去绞尽脑浆猜想作者用意所在的!

因此介绍是绝对不能不有秩序,并且在介绍最主要的人物之前,一定需要相当的准备,一等介绍出来则观众不能不给他特种的注意。

这准备是可以事半功倍的，所以值得研究。

那么能引起观众特别注意的到底是什么？对于这点，观众从来不曾骗过作者，他们说：老实告诉你，你要引不起我们的兴趣，你就别想我们给你注意，更别说什么同情。（一个人尽可以在台上服毒自杀，捶胸痛哭，观众可以很不高兴想怎样去雇车回家睡觉。）这句话很干脆，作者如果不太糊涂，他自然就得先逗起观众的兴趣——一种好奇心——就拿这逗起来的兴趣，作向导来引人入胜。所以一个剧的开始时，所引起的兴趣是大大的有责任的。它是前面打着的灯笼，一路上照着整个剧本的线索。佛来弟气着刚要去给他母亲雇车时和卖花女撞个满怀*萧伯纳的《卖花女》第一幕。——作者原注；花篮掉在地上他也没有理的走了，剩下卖花女不断的埋怨，用她那可笑的乡伧语言。这里好处不止是引起观众的兴趣，要紧的是不着痕迹的介绍卖花女，和她的怪腔调的语言。等一会旁人再告诉卖花女，后面有个人在那里说她的每一句话，观众的注意便一直引到了剧情的最主要的关键上去。

如果第一幕只为着热闹，讨好于观众，无端的要逗起他们乐一回，那只是错引了他们的注意到岔道上去，等到观众忽然感觉到走差［岔］了道儿，那时的老［恼］羞成怒，一股怨气作兴全要派到作者的头上去的。

易卜生写他的《社会柱石》时，写信给人说，第一幕常是最难的一幕，这话不是无因的，经验教训了他，使他匆匆重写他的第一幕。他的《罗斯马庄》的初稿（"白马"）与后来发表的颇不相同。最大的分别也就在那迷信白马来临一节的提前，引起一个可怕的空气，加上牧师绕道不敢走那条板桥，因为"那桩事谁也不容易忘记"

等等，令人不能不对那迷信好奇。

总而言之，第一幕最大的任务是介绍。不论其为背景人物，介绍的工作除明晰外，还要引导观众集中注意，不糜费精力。要观众集中注意的唯一方法则是引逗他们发生兴趣，在剧情的最有关键的地方。

那么一开头就得引逗兴趣，无疑的是个非同小可的工作。它所取的方式需要灵活或明显，要自然，不露痕迹，要来得早，来得干脆，别等到别人家咳嗽，摇着剧单，互相耳语表示不耐烦。并且这工作须彻底的懂得他本身的使命，不在无端的讨好观众，却是为其剧情关键作重要的准备——是集中的工作，不是枝节的点缀。

萧伯纳的《康第达》第一幕中一介绍完了声望极著的谟勒牧师之后，由牧师及其男女书记口中便引起观众对牧师爱妻康第达的非常浓挚的兴趣。等到康第达出场之后，观众的兴趣又立刻被引到青年佑瑾身上。佑瑾出场以后，观众立刻便又对着他们中间互相的关系发生兴趣，这互相的关系本来就是这剧情中的关键所在。

奥尼尔的《奇异的插曲》(Strange Inter Iude) 第一幕所介绍的，最重要的便是妮娜的心理变态，观众的兴趣便被作者由一开头一间书房起，一步一步由查利的回想，而老父的苦痛，而妮娜自己的行动走上去，达到妮娜决定离家的一个大的"悬点"(Suspense) 上，注意完全集中在妮娜的将来。

表现派中剧文简单到 Elmer Rice*Elmer Rice 艾尔默·莱斯，美国戏剧家。的《机器算盘》*《机器算盘》今译《加算器》。，它的第一幕也能极无痕迹的，把观众的兴趣引到那在场两个角色的生活上。在场一共只有夫妇两人，丈夫躺在床上，老婆站着梳头，预备睡觉，嘴中单独的说出他们单调生活中所引起的,极委琐丑陋的简单思想。这里惟其是单调委琐到令人悲惨,所以才会令人对这躺在床上的人的生活发生同情,希[稀]奇他日间过得是怎样个日子!所以等到看到第二幕里,那单调的办公室中记账员生活,观众所有的怜悯心,便早已有了彻底的根据。

一本好剧的第一幕,都是有两个可贵的肩膀,上面能挺着许多艰难的工作的。每一个剧本如果要成功,是绝不能缺乏这么一个任劳任怨的大女儿的。作者在未动笔以前自是难为情的说:"你是大姊姊呢,……"但是同时也毫不客气的,把许多责任加在这要撑面子的大女儿身上!

山西通信

> 初刊于一九三四年八月二十五日《大公报》"文艺副刊"第九十六期,署名徽音。

××××：

居然到了山西，天是透明的蓝，白云更流动得使人可以忘记很多的事，单单在一点什么感情底下，打滴溜转；更不用说到那山山水水，小堡垒，村落，反映着夕阳的一角庙，一座塔！景物是美得到处使人心慌心痛。

我是没有出过门的，没有动身之前不容易动，走出来之后却就不知道如何流落才好。旬日来眼看去的都是图画，日子都是可以歌唱的古事。黑夜里在山场里看河南来到山西的匠人，围住一个大红炉子打铁，火花和铿锵的声响，散到四围黑影里去。微月中步行寻到田陇废庙，划一根"取灯"偷偷照看那辽塑观音的脸，一片平静几百年来，没有动过感情的，在那一闪光底下，倒像挂上一缕笑意。

我们因为探访古迹走了许多路；在种种情形之下感慨到古今兴废。在草丛里读碑碣，在砖堆中间偶然碰到菩萨的一只手一个微笑，都是可以激动起一些不平常的感觉来的。乡村的各种浪漫的位置，秀丽天真；中间人物维持着老老实实的鲜艳颜色，老的扶着拐杖，小的赤着胸背，沿路上点缀的，尽是他们明亮的眼睛和笑脸。由北平城里来的我们，东看看，西走走，夕阳背在背上，真和掉在另一个世界里一样！云块，天，和我们之间似乎失掉了一切障碍。我乐时就高兴的笑，笑声一直散到对河对山，说不定那一个林子，那一个村落里去！我感觉到一种平坦，竟许是辽阔，和地面恰恰平行着舒展开来，感觉的最边沿的边沿，和大地的边沿，永远赛着向前伸……

我不会说，说起来也只是一片疯话人家不耐烦听。以我描写一些实际情形我又不大会，总而言之，远地里，一处田亩有人在工作，上面青的、黄的、紫的，分行的长着；每一处山坡上，有人在走路，放羊，迎着阳光，背着阳光，投射着蠕动的光影；每一个小城，前面站着城楼，旁边睡着小庙，那里又托出一座石塔，神和人，都服贴的，满足的，守着他们那一角天地，近地里，则更有的是热闹，一条街里站满了人，孩子头上梳着三个小辫子的，四个小辫子的，乃至于五六个小辫子的，衣服简单到只剩一个红兜肚，上面隐约也总有他嬷嬷挑的两三朵花！

娘娘庙前面树荫底下，你又能阻止谁来看热闹？教书先生出来了，军队里兵卒拉着马过来了，几个女人娇羞的手拉着手，也扭着来站在一边了，小孩子争着挤，看我们照相，拉皮尺量平面，教书先生帮忙我们拓碑文。说起来这个那个庙，都是年代可多了，什么时候盖的，谁也说不清了！说话之人来得太多，我们工作实在发生困难了，可是我们大家都顶高兴的，小孩子一边抱着饭碗吃饭，一边睁着大眼看，一点子也不松懈。

我们走时总是一村子的人来送的，儿媳妇指着说给老婆婆听，小孩们跑着还要跟上一段路。开栅镇，小相村，大相村，那一处不是一样的热闹，看到北齐天保三年造像碑，我们不小心的，漏出一个惊异的叫喊,他们乡里湾〔弯〕着背的,老点儿的人,就也露出一个得意的微笑,知道他们村里的宝贝,居然吓着这古怪的来客了。"年代多了吧,"他们骄傲的问。"多了多了,"我们高兴的回答,"差不多一千四百年了。""呀,一千四百年!"我们便一齐骄傲起来。

  我们看看这里金元重修的,那里明季重修的殿宇,讨论那式样做法的特异处,塑像神气,手续,天就渐渐黑下来,嘴里觉到渴,肚里觉到饿,才记起一天的日子圆圆整整的就快结束了。回来躺在床上,绮丽鲜明的印象仍然挂在眼睛前边,引导着种种适意的梦,同时晚饭上所吃的菜蔬果子,便给养充实着,我们明天的精力,直到一大颗太阳,红红的照在我们的脸上。

初刊于一九三四年九月五日《大公报》"文艺副刊"第九十九期。署名林徽音。

窗子以外

话从那里说起?等到你要说话,什么话都是那样渺茫的找不到个源头。

此刻,就在我眼帘底下坐着是四个乡下人的背影;一个头上包着黯黑的白布,两个褪色的蓝布,又一个光头。他们支起膝盖,半蹲半坐的,在溪沿的短墙上休息。每人手里一件简单的东西;一个是白木棒,一个篮子,那两个在树荫底下我看不清楚。无疑的他们已经走了许多路,再过一刻,抽完一筒旱烟以后,是还要走许多路的。兰花烟的香味频频随着微风,袭到我官觉上来,模糊中还有几段山西梆子的声调,虽然他们坐的地方是在我廊子的铁纱窗以外。

铁纱窗以外,话可不就在这里了。永远是窗子以外,不是铁纱窗就是玻璃窗,总而言之,窗子以外!

所有的活动的颜色声音,生的滋味,全在那里的。你并不是不能看到,只不过是永远的在你窗子以外罢了。多少百里的平原土地,多少区域的起伏的山峦,昨天由窗子外映进你的眼帘,那是多少生命日夜在活动着的所在;每一根青的什么麦黍,都有人流过汗;每一粒黄的什么米粟,都有人吃去;其间还有的是周折,是热闹,是紧张!可是你则并不一定能看见,因为那所有的周折,热闹,紧张,全都在你窗子以外展演着。

在家里罢,你坐在书房里,窗子以外的景物本就有限。那里两树马缨,几棵丁香;榆叶梅横出风雅的一大枝;海棠因为缺乏阳光,每年只开个两三朵——叶子上满是虫蚁吃的创痕,还卷着一点焦黄的边;廊子幽秀的开着扇子式,六边形的格子窗,透过外院的日光,外院的杂音。什么送煤的来了,偶然你看到一个两个被煤炭染成黔黑的脸;什么米送到了,一个人掮着一大口袋在背上,慢慢踱过屏门;还有自来水,电灯,电话公司来收账的,胸口斜挂着皮口袋,手里推着一辆自行车;更有时厨子来个朋友了,满脸的笑容,"好呀,好呀,"的走进门房;什么赵妈的丈夫来拿钱了,那是每月一号一点都不差的,早来了你就听到两个人唧唧哝哝争吵的声浪。那里不是没有颜色,声音,生的一切活动,只是他们和你总隔个窗子——扇子式的,六边形的,纱的,玻璃的!

你气闷了把笔一搁说,这叫做甚么生活!你站起来,穿上不能算太贵的鞋袜,但这双鞋和袜的价钱也就比——想它做什么,反正有人每月的工资,一定只有这价钱的一半乃至于更少。你出去雇洋车了,拉车的嘴里所讨的价钱当然是要比例价高得多,难道你就傻子似的答应下来?不,不,三十二子,拉就拉,不拉,拉倒!心里也明白,如果真要充内行,你就该说,二十六子,拉就拉——但是你好意思争!

车开始辗动了,世界仍然在你窗子以外。长长的一条胡同,一个个大门紧紧的关着。就是有开的,那也只是露出一角,隐约可以看到里面有南瓜棚子,底下一个女的,坐在小凳上缝缝做做的;另一个,抓住还不能走路的小孩子,伸出头来喊那过路卖白菜的。至于白菜是多少钱一斤，那你是听不见了，车子早已拉得老远，并且你也无需乎知道的。在你每月费用之中，伙食是一定占去若干的。在那一笔伙食费里，白菜又是多么小的一个数。难道你知道了门口卖的白菜多少钱一斤，你真把你哭丧着脸的厨子叫来申斥一顿，告诉他每一斤白菜他多开了你一个"大子儿"？

车越走越远了，前面正碰着粪车，立刻你拿出手绢来，皱着眉，把鼻子蒙得紧紧的，心里不知怨谁好。怨天做的事太古怪；好好的美丽的稻麦却需要粪来浇！怨乡下人太不怕臭，不怕脏，发明那么两个篮子，放在鼻前手车上，推着慢慢走！你怨市里行政人员不认真办事，如此脏臭不卫生的旧习不能改良，十余年来对这粪车难道真无办法？为着强烈的臭气隔着你窗子还不够远，因此你想到社会卫生事业如何还办不好。

路渐渐好起来，前面墙高高的是个大衙门。这里你简直不止隔个窗子，这一带高高的墙是不通风的。你不懂里面有多少办事员，办的都是什么事；多少浓眉大眼的，对着乡下人做买卖的吆喝诈取；多少个又是脸黄黄的可怜虫，混半碗饭分给一家子吃。自欺欺人，里面天天演的到底是甚么把戏？但是如果里面真有两三个人拼了命在那里奋斗，为许多人争一点便利和公道，你也无从知道！

到了热闹的大街了，你仍然像在特别包厢里看戏一样，本身不会，也不必参加那出戏；倚在栏杆上，你在审美的领略，你有的是一片闲暇。但是如果这里洋车夫问你在那里下来，你会吃一惊，仓卒不知答。生活所最必需的你并不缺乏什么，你这出来就也是不必需的活动。

偶一抬头，看到街心和对街铺子前面那些人，他们都是急急忙忙的，在时间金钱的限制下采办他们生活所必需的。两个女人手忙脚乱的在监督着店里的伙计称秤。二斤四两，二斤四两的什么东西，且不必去管，反正由那两个女人的认真的神气上面看去，必是非同小可，性命交关的货物。并且如果称得少一点时，那两个女人为那点吃亏的分量必定感到重大的痛苦；如果称得多时，那伙计又知道这年头那损失在东家方面真不能算小。于是那两边的争持是热烈的，必需的，大家声音都高一点；女人脸上呈块红色，头发披下了一缕，又用手抓上去；伙计则维持着客气，口里嚷着：错不了，错不了！

热烈的，必需的，在车马纷纭的街心里，忽然由你车边冲出来两个人；男的，女的，各各提起两脚快跑。这又是干什么的，你心想，电车正在拐大弯。那两人原就追着电车，由轨道旁边擦过去，一边追着，一边向电车上卖票的说话。电车是不容易赶的，你在洋车上真不禁替那街心里奔走赶车的担心。但是你也知道如果这趟没赶上，他们就可以在街旁站个半点来钟，那些宁可盼穿秋水不雇洋车的人，也就是因为他们的生活而必需计较和节省到洋车同电车价钱上那相差的数目。

此刻洋车跑得很快，你心里继续着疑问你出来的目的，到底采办一些甚么必需的货物。眼看着男男女女挤在市场里面，门首出来一个，进去一个，手里都是持着包包裹裹，里边虽然不会全是他们当日所必需的，但是如果当中夹着一盒稍微奢侈的物品，则亦必是他们生活中间闪着亮光的一个愉快！你不是听见那人说么？里面草帽，一块八毛五，贵倒贵点，可是"真不赖"！他提一提帽盒向着打招呼的朋友，他摸一摸他那剃得光整的脑袋，微笑充满了他全个脸。

那时那一点迸射着光闪的愉快,当然的归属于他享受,没有一点疑问,因为天知道,这一年中他多少次的克己省俭,使他赚来这一次美满的,大胆的奢侈!

那点子奢侈在那人身上所发生的喜悦,在你身上却完全失掉作用,没有闪一星星亮光的希望!你想,整年整月你所花费的,和你那窗子以外的周围生活程度一比较,严格算来,可不都是非常靡费的用途?每奢侈一次,你心上只有多难过一次,所以车子经过的那些玻璃窗口,只有使你更惶恐,更空洞,更怀疑,前后彷徨不着边际。并且看了店里那些形形色色的货物,除非你真是傻子,难道不晓得它们多半是由那一国工厂里制造出来的!奢侈是不能给你愉快的,它只有要加增你的戒惧烦恼。每一尺好看点的纱料,每一件新鲜点的工艺品!

你诅咒着城市生活,不自然的城市生活!检点行装说,走了,走了;这沉闷没有生气的生活,实在受不了,我要换个样子过活去。健康的旅行既可以看看山水古刹的名胜,又可以知道点内地纯朴的人情风俗。走了,走了,天气还不算太坏,就是走他一个月六礼拜也是值得的。

没想到不管你走到那里,你永远免不了坐在窗子以内的。不错,许多时髦的学者常常骄傲地带上"考察"的神气,架上科学的眼镜,偶然走到那里一个陌生的地方瞭望,但那无形中的窗子是仍然存在的。不信,你检查他们的行李,有谁不带着罐头食品,帆布床,以及别的证明你还在你窗子以内的种种零星用品,你再摸一摸他们的皮包,那里短不了有些钞票;一到一个地方,你有的是一个提另的小小世界。不管你的窗子朝向那里望,所看到的多半则仍是在你窗子以外，隔层玻璃，或是铁纱！隐隐约约你看到一些颜色，听到一些声音，如果你私下满足了，那也没有甚么，只是千万别高兴起说什么接触了，认识了若干事物人情，天知道那是罪过！洋鬼子们的一些浅薄，千万学不得。

你是仍然坐在窗子以内的，不是火车的窗子，汽车的窗子，就是客栈逆旅的窗子，再不然就是你自己无形中习惯的窗子，把你搁在里面。接触和认识实在谈不到，得天独厚的闲暇生活先不容你。一样是旅行，如果你背上掮的不是照相机而是一点做买卖的小血本，你就需要全付［副］的精神来走路：你得留神投宿的地方；你得计算一路上每吃一次烧饼和几颗沙果的钱；遇着同行的战战兢兢的打招呼，互相捧出诚意，遇着困难时好互相关照帮忙；到了一个地方你是真带着整个血肉的身体到处碰运气，紧张的境遇不容你不奋斗，不与其他奋斗的血和肉的接触，直到经验使得你认识。

前日公共汽车里一列辛苦的脸，那些谈话，里面就有很多生活的分量。陕西过来做生意的老头和那旁坐的一股客气，是不得已的；由交城下车的客人执着红粉包纸烟递到汽车行管事手里也是有多少理由的，穿棉背心的老太婆默默地挟住一个蓝布包袱，一个钱包，是在用尽她的全付［副］本领的。果然到了冀村，她错过站头，还亏别个客人替她要求车夫，将汽车退行两里路，她还不大相信的望着那村站，口里噜苏着这地方和上次如何两样了。开车的一面发牢骚一面爬到车顶替老太婆拿行李，经验使得他有一种涵养，行旅中少不了有认不得路的老太太，这个道理全世界是一样的，伦敦警察之所以特别和蔼，也是从迷路的老太太孩子们身上得来的。

话说了这许多，你仍然在廊子底下坐着，窗外送来溪流的喧响，兰花烟气味早已消失,四个乡下人这时候当已到了上流"庆和义"磨坊前面。昨天那里磨坊的伙计很好笑的满脸挂着面粉,让你看着磨坊的构造;坊下的木轮,屋里旋转着的石碾,又在高低的院落里,来回看你所不经见的农具在日影下列着。院中一棵老槐一丛鲜艳的杂花一条曲曲折折引水的沟渠,伙计和气的伴着说闲话。他用着山西口音,告诉你,那里一年可出五千多包的面粉,每包的价钱约略两块多钱。又说这十几年来,这一带因为山水忽然少了,磨坊关闭了多少家,外国人都把那些磨坊租去作他们避暑的别墅。惭愧的你说,你就是住在一个磨坊里面,他脸上堆起微笑,让面粉一星星在日光下映着,说认得认得,原来你所租的磨坊主人,一个外国牧师,待这村子极和气,乡下人和他还都有好感情。

这真是难得了,并且好感的由来还有实证。就是那一天早上你无意中出去探古寻胜,这一省山明水秀,古刹寺院,动不动就是宋辽的原物。走到山上一个小村的关帝庙里,看到一个铁铎,刻着万历年号,原来是万历赐这村里庆成王的后人的,不知怎样流落到卖古董的手里,七年前让这牧师买去,晚上打着玩,嘹亮的钟声被村人听到,急忙赶来打听,要凑原价买回,情辞恳切,说起这是他们吕姓的祖传宝物,决不能让它流落出境,这牧师于是真个把铁铎还了他们,从此便在关帝庙神前供着。

这样一来你的窗子前面便展开了一张浪漫的图画,打动了你好奇,管它是隔一层或两层窗子,你也忍不住要打听点底细,怎么明庆成王的后人会姓吕!这下子文章便长了。

如果你的祖宗是皇帝的嫡亲弟弟,你是不会,也不愿,忘掉的。据说庆成王是永乐的弟弟,这赵庄村里的人都是他的后代。不过就是因为他们记得太清楚了，另一朝的皇帝都有些老大不放心，雍正间诏令他们改姓，由姓朱改为姓吕，但是他们还有用二十字排行的方法，使得他们不会弄错他们是这一脉子孙。

这样一来你就有点心跳了，昨天你雇来那打水洗衣服的不也是赵庄村来的，并且还姓吕！果然那土头土脑圆脸大眼的少年是个皇裔贵族，真是有失尊敬了。那么这村子一定穷得不得了，但事实上则不见得。

田亩一片，年年收成也不坏。家家户户门口有特种围墙，像个小小堡垒——当时防匪用的。屋子里面有大漆衣柜衣箱，柜门上白铜擦得亮亮；炕上棉被红红绿绿也颇鲜艳。可是据说关帝庙里已有四年没有唱戏了，虽然戏台还高巍巍的对着正殿。村子这几年穷了，有一位王孙告诉你，唱戏太花钱，尤其是上边使钱。这里到底是隔个窗子，你不懂了，一样年年好收成，为甚么这几年村子穷了，只模模糊糊听到什么军队驻了三年多等，更不懂的是，村子向上一年辛苦后的娱乐，关帝庙里唱唱戏，得上面使钱？既然隔个窗子听不明白，你就通气点别尽管问了。

隔着一个窗子你还想明白多少事？昨天雇来吕姓倒水，今天又学洋鬼子东逛西逛，跑到下面养有鸡羊，上面挂有武魁匾额的人家，让他们用你不懂得的乡音招呼你吃茶，炕上坐，坐了半天出到门口，和那送客的女人周旋客气了一回，才恍然大悟，她就是替你倒脏水洗衣裳的吕姓王孙的妈，前晚上还送饼到你家来过！

这里你迷糊了。算了算了！你简直老老实实的坐在你窗子里得了，窗子以外的事，你看了多少也是枉然，大半你是不明白，也不会明白的。

初刊于一九三五年十二月八日《大公报》「文艺副刊」第五十六期，署名徽因。此期为「星期特刊」。

纪念志摩去世四周年

今天是你走脱这世界的四周年！朋友，我们这次拿什么来纪念你？前两次的用香花感伤的围上你的照片，抑住嗓子底下叹息和悲梗，朋友和朋友无聊的对望着，完成一种纪念的形式，俨然是愚蠢的失败。因为那时那种近于伤感，而又不够宗教庄严的举动，除却点明了你和我们中间的距离，生和死的间隔外，实在没有别的成效；几乎完全不能达到任何真实纪念的意义。

去年今日我意外的由浙南路过你的家乡，在昏沉的夜色里我独立火车门外，凝望着那幽暗的站台，默默的回忆许多不相连续的过往残片，直到生和死间居然幻成一片模糊，人生和火车似的蜿蜒，一串疑问在苍茫间奔驰。我想起你的：

火车擒住轨，在黑夜里奔
过山，过水，过……

如果那时候我的眼泪曾不自主的溢出睫外，我知道你定会原谅我的。你应当相信我不会向悲哀投降，什么时候我都相信倔强的忠于生的，即使人生如你底下所说：

林徽因集　　　　154

就凭那精窄的两道,算是轨,
驮着这份重,梦一般的累坠!

就在那时候我记得火车慢慢地由站台拖出一程一程的前进,我也随着酸怆的诗意,那"车的呻吟","过荒野,过池塘,……过噤口的村庄"。到了第二站——我的一半家乡。

今年又轮到今天这一个日子!世界仍旧一团糟,多少地方是黑云布满着粗筋络望[往]理想的反面猛进,我并不在瞎说,当我写:

信仰只一细炷香,
那点子亮再经不起西风
沙沙的隔着梧桐树吹!

朋友,你自己说,如果是你现在坐在我这位子上,迎着这一窗太阳:眼看着菊花影在墙上描画作态;手臂下倚着两叠今早的报纸;耳朵里不时隐隐的听着朝阳门外"打靶"的枪弹声;意识的,潜意识的,要明白这生和死的谜,你又该写成怎样一首诗来,纪念一个死别的朋友?

此时,我却是完全的一个糊涂!习惯上我说,每桩事都像是造物的意旨,归根都是运命,但我明知道每桩事都有我们自己的影子在里面烙印着。我也知道每一个日子是多少机缘巧合凑拢来拼成的图案,但我也疑问其间的排布谁是主宰。据我看来:死是悲剧的一章,生则更是一场悲剧的主干!我们这一群剧中的角色自身性格与性格矛盾;理智与情感两不相容;理想与现实当面冲突,侧面或反面激成悲哀。日子一天一天向前转，昨日和昨日堆垒起来混成一片不可避脱的背景，做成我们周遭的墙壁或气氲，那么结实又那么缥缈，使我们每一人站在每一天的每一个时候里都是那么主要，又是那么渺小无能为！

此刻我几乎找不出一句话来说，因为，真的，我只是个完全的糊涂；感到生和死一样的不可解，不可懂。

但是我却要告诉你，虽然四年了，你脱离去我们这共同活动的世界，本身停掉参加牵引事体变迁的主力，可是谁也不能否认，你仍立在我们烟涛渺茫的背景里，间接的是一种力量，尤其是在文艺创造的努力和信仰方面。间接的你任凭自然的音韵，颜色，不时的风轻月白，人的无定律的一切情感，悠断悠续的仍然在我们中间继续着生，仍然与我们共同交织着这生的纠纷，继续着生的理想。你并不离我们太远。你的身影永远挂在这里那里，同你生前一样的飘忽，爱在人家不经意时苫止，带来勇气的笑声也总是那么嘹亮，还有，还有经过你热情或焦心苦吟的那些诗，一首一首仍串着许多人的心旋转。

说到你的诗，朋友，我正要正经的同你再说一些话。你不要不耐烦，这话迟早我们总要说清的。人说盖棺定论，前者早已成了事实，这后者在这四年中，说来叫人难受，我还未曾读到一篇中肯或诚实的论评，虽然对你的赞美和攻评由你去世后一两周间，就纷纷开始了。但是他们每人手里拿的都不像纯文艺的天秤；有的喜欢你的为人；有的疑问你私人的道德；有的单单尊崇你诗中所表现的思想哲学；有的仅喜爱那些软弱的细致的句子；有的每发议论必须牵涉到你的个人生活之合乎规矩方圆，或断言你是轻薄，或引证你是浮奢豪侈！朋友，我知道你从不介意过这些，许多人的浅陋老实或刻薄处你早就领略过一堆，你不止未曾生过气，并且常常表示怜悯同原谅；你的心情永远是那么洁净；头老抬得那么高；胸中老是那么完整的诚挚；臂上老有那么许多不折不挠的勇气。但是现在的情形与以前却稍稍不同，你自己既已不在这里，做你朋友的，眼看着你被误解，曲解，乃至于谩骂，有时真忍不住替你不平。

但你可别误会我心眼儿窄，把不相干的看成重要，我也知道误解曲解谩骂，都是不相干的，但是朋友，我们谁都需要有人了解我们的时候，真了解了我们，即使是痛下针砭，骂着了我们的弱处错处，那整个的我们却因而更增添了意义，一个作家文艺的总成绩更需要一种就文论文，就艺术论艺术的和平判断。

你在《猛虎集》序中说"世界上再没有比写诗更惨的事"，你却并未说明为什么写诗是一桩惨事，现在让我来个注脚好不好？我看一个人一生为着一个愚诚的倾向，把所感受到的复杂的情绪尝味到的生活，放到自己的理想和信仰的锅炉里烧炼成几句悠扬铿锵的语言（那怕是几声小唱），来满足他自己本能的艺术的冲动，这本来是个极寻常的事。那一个地方那一个时代，都不断有这种人。轮着做这种人的多半是为着他情感来的比寻常人浓富敏锐，而为着这情感而发生的冲动更是非实际的——或不全是实际的——追求，而需要那种艺术的满足而已。说起来写诗的人的动机多么单简可怜，正是如你序里所说"我们都是受支配的善良的生灵"！虽然有些诗人因为他们的成绩特别高厚旷阔包括了多数人，或整个时代的艺术和思想的冲动，从此便在人中间披上神秘的光圈，使"诗人"两字无形中挂着崇高的色彩。这样使一般努力于用韵文表现或描画人在自然万物相交错的情绪思想的，便被人的成见看作夸大狂的旗帜，需要同时代人的极冷酷的讥讪和不信任来扑灭它，以挽救人类的尊严和健康。

我承认写诗是惨淡经营，孤立在人中挣扎的勾当，但是因为我知道太清楚了，你在这上面单纯的信仰和诚恳的尝试，为同业者奋斗，卫护他们情感的愚诚，称扬他们艺术的创造，自己从未曾求过虚荣，我觉得你始终是很逍遥舒畅的。如你自己所说"满头血水"你"仍不曾低头"，你自己相信"一点性灵还在那里挣扎"，"还想在实际生活的重重压迫下透出一些声响来"。

简单的说，朋友，你这写诗的动机是坦白不由自主的，你写诗的态度是诚实，勇敢，而倔强的。这在讨论你诗的时候，谁都先得明了的。

至于你诗的技巧问题，艺术上的造诣，在这新诗仍在彷徨歧路的尝试期间，谁也不能坚决的论断。不过有一桩事我很想提醒现在讨论新诗的人，新诗之由于无条件无形制宽泛到几乎没有一定的定义时代，转入这讨论外形内容，以至于音节韵脚章句意象组织等艺术技巧问题的时期，即是根据着对这方面努力尝试过的那一些诗，你的头两个诗集子就是供给这些讨论见解最多材料的根据。外国的土话说"马总得放在马车的前面"，不是？没有一些尝试的成绩放在那里，理论家是不能老在那里发一堆空头支票的，不是？

你自己一向不止在那里倔强的尝试用功，你还曾用尽你所有活泼的热心鼓励别人尝试，鼓励"时代"起来尝试，——这种工作是最犯风头嫌疑的，也只有你胆子大头皮硬顶得下来！我还记得你要印诗集子时我替你捏一把汗，老实说还替你在有文彩的老前辈中间难为情过，我也记得我初听到人家找你办"晨副"时我的焦急，但你居然板起个脸抓起两把鼓槌子为文艺吹打开路乃至于扫地，铺鲜花，不顾旧势力的非难，新势力的怀疑，你干你的事"事在人为，做了再说"那股子劲，以后别处也还很少见。

现在你走了，这些事渐渐在人的记忆中模糊下来，你的诗和文章也散漫在各小本集子里，压在有极新鲜的封皮的新书后面，谁说起你来，不是麻麻糊糊的承认你是过去中一个势力，就是拿能够挑剔看轻你的诗为本事（散文人家很少提到，或许"散文家"没有诗人那么光荣不值得注意），朋友，这是没法子的事，我却一点不为此灰心，因为我有我的信仰。

我认为我们这写诗的动机既如前边所说那么简单愚诚；因在某一时，或某一刻敏锐的接触到生活上的锋芒，或偶然的触遇到理想峰巅上云彩星霞，不由得不在我们所习惯的语言中，编缀出一两串近于音乐的句子来，慰藉自己，解放自己，去追求超实际的真美，读诗者的反应一定有一大半也和我们这写诗的一样诚实天真，仅想在我们句子中间由音乐性的愉悦，接触到一些生活的底蕴，渗合着美丽的憧憬；把我们的情绪给他们的情绪搭起一座浮桥；把我们的灵感，给他们生活添些新鲜；把我们的痛苦伤心再揉成他们自己忧郁的安慰！

我们的作品会不会长存在下去，也就看它们会不会活在那一些我们从不认识的人，我们作品的读者，散在各时，各处互相不认识的孤单的人的心里的，这种事它自己有自己的定律，并不需要我们的关心的。你的诗据我所知道的，它们仍旧在这里浮沉流落，你的影子也就浓淡参差的系在那些诗句中，另一端印在许多不相识人的心里。朋友，你不要过于看轻这种间接的生存，许多热情的人他们会为着你的存在，而加增了生的意识的。伤心的仅是那些你最亲热的朋友们和同兴趣的努力者，你不在他们中间的事实，将要永远是个不能填补的空虚。

你走后大家就提议要为你设立一个"志摩奖金"来继续你鼓励人家努力诗文的素志，勉强象征你那种对于文艺创造拥护的热心，使不及认得你的青年人永远对你保存着亲热。如果这事你不觉到太寒伧不够热气，我希望你原谅你这些朋友们的苦心，在冥冥之中笑着给我们勇气来做这一些蠢诚的事吧。

二十四年十一月十九日　北平

蛛丝和梅花

> 初刊于一九三六年二月二日《大公报》"文艺副刊"第八十六期，署名徽因。此期为"星期特刊"。

　　真真的就是那么两根蛛丝，由门框边轻轻的牵到一枝梅花上。就是那么两根细丝，迎着太阳光发亮……再多了，那还像样么？一个摩登家庭如何能容蛛网在光天白日里作怪，管它有多美丽，多玄妙，多细致，够你对着它联想到一切自然，造物的神工和不可思议处；这两根丝本来就该使人脸红，且在冬天够多特别！可是亮亮的，细细的，倒有点像银，也有点像玻璃制的细丝，委实不算讨厌，尤其是它们那么潇洒风雅，偏偏那样有意无意的斜着搭在梅花的枝梢上。

　　你向着那丝看，冬天的太阳照满了屋内，窗明几净，每朵含苞的，开透的，半开的梅花在那里挺秀吐香，情绪不竟〔禁〕迷茫缥缈的充溢心胸，在那刹那的时间中振荡。同蛛丝一样的细弱，和不必需，思想开始抛引出去；由过去牵到将来，意识的，非意识的，由门框梅花牵出宇宙，浮云沧波踪迹不定。是人性，艺术，还是哲学，你也无暇计较，你不能制止你情绪的充溢，思想的驰骋，蛛丝梅花竟然是瞬息可以千里！

　　好比你是蜘蛛，你的周围也有你自织的蛛网，细致地牵引着天地，不怕多少次风雨来吹断它，你不会停止了这生命上基本的活动。

此刻"……一枝斜好，幽香不知甚处，……"

拿梅花来说吧，一串串丹红的结蕊缀在秀劲的傲骨上，最可爱，最可赏，等半绽将开的错落在老枝上时，你便会心跳！梅花最怕开；开了便没话说。索性残了，沁香拂散同夜里炉火都能成了一种温存的凄清。

记起了，也就是说到梅花，玉兰。初是有个朋友说起初恋时玉兰刚开完，天气每天的暖，住在湖旁，每夜跑到湖边林子里走路，又静坐幽僻石上看隔岸灯火，感到好像仅有如此虔诚的孤对一片泓碧寒星远市，才能把心里情绪抓紧了，放在最可靠最纯净的一撮思想里，始不至亵渎了或是惊着那"瘖寐思服"的人儿。那是极年轻的男子初恋的情景，——对象渺茫高远，反而近求"自我的"郁结深浅，——他问起少女的情绪。

就在这里，忽记起梅花。一枝两枝，老枝细枝，横着，虬着，描着影子，喷着细香；太阳淡淡金色的铺在地板上；四壁琳琅，书架上的书和书签都像在发出言语；墙上小对联记不得是谁的集句；中条是东坡的诗。你敛住气，简直不敢喘息，巅〔踮〕起脚，细小的身形嵌在书房中间，看残照当窗，花影摇曳，你像失落了什么，有点〈儿〉迷惘。又像"怪东风着意相寻"，有点儿没主意！浪漫，极端的浪漫。"飞花满地谁为扫？"你问，情绪风似的吹动，卷过，停留在惜花上面。再回头看看，花依旧嫣然不语。"如此俜停〔娉婷〕，谁人解看花意，"你更沉默，几乎热情的感到花的寂寞，开始怜花，把同情统统诗意的交给了花心！

这不是初恋，是未恋，正自觉"解看花意"的时代。情绪的不同，不止是男子和女子有分别，东方和西方也甚有差异。情绪即使根本相同，情绪的象征，情绪所寄托，所棲止的事物却常常不同。水和星子同西方情绪的联系，早就成了习惯。一颗星子在蓝天里闪，一流冷涧倾泄一片幽愁的平静，便激起他们诗情的波涌，心里甜蜜的，热情的便唱着由那些鹅羽的笔锋散下来的"她的眼如同星子在暮天里闪"，或是"明丽如同单独的那颗星，照着晚来的天"，或"多少次了，在一流碧水旁边，忧愁倚下她低垂的脸"。

惜花，解花太东方，亲昵自然，含着人性的细致是东方传统的情绪。

此外年龄还有尺寸，一样是愁，却跃跃似喜，十六岁时的，微风零乱，不颓废，不空虚，巅［踮］着理想的脚充满希望，东方和西方却一样。人老了脉脉烟雨，愁吟或牢骚多折损诗的活泼。大家如香山，稼轩，东坡，放翁的白发华发，很少不梗在诗里，至少是令人不快。话说远了，刚说是惜花，东方老少都免不了这嗜好，这倒不论老的雪鬓曳杖，深闺里也就攒眉千度。

最叫人惜的花是海棠一类的"春红"，那样娇嫩明艳，开过了残红满地，太招惹同情和伤感。但在西方即使也有我们同样的花，也还缺乏我们的廊庑庭院。有了"庭院深深深几许"才有一种庭院里特有的情绪。如果李易安的"斜风细雨"底下不是"重门须闭"，也就不"萧条"得那样深沉可爱；李后主的"终日谁来"也一样的别有寂寞滋味。看花更须庭院，深深琐［锁］在里面认识，不时还得有轩窗栏杆，给你一点凭藉，虽然也用不着十二栏杆倚遍，那么慵弱无聊。

当然旧诗里伤愁太多；一首诗竟像一张美的证券，可以照着市价去兑现！所以庭花，乱红，黄昏，寂寞太滥，诗常失却诚实。西洋诗,恋爱总站在前头,或是"忘掉",或是"记起",月是为爱,花也是为爱,只使全是真情,也未尝不太腻味。就以两边好的来讲;拿他们的月光同我们的月色比,似乎是月色滋味深长得多。花更不用说了;我们的花"不是预备采下缀成花球,或花冠献给恋人的",却是一树一树绰约的,个性的,自己立在情人的地位上接受恋歌的。

所以未恋时的对象最自然的是花,不是因为花而起的感慨,——十六岁时无所谓感慨,——仅是刚说过的自觉解花的情绪,寄托在那清丽无语的上边,你心折它绝韵孤高,你为花动了感情,实说你同花恋爱,也未尝不可,——那惊讶狂喜也不减于初恋。还有那凝望,那沉思……

一根蛛丝!记忆也同一根蛛丝,搭在梅花上就由梅花枝上牵引出去,虽未织成密网,这诗意的前后,也就是相隔十几年的情绪的联络。

午后的阳光仍然斜照,庭院阒然,离离疏影,房里窗棂和梅花依然伴和成为图案,两根蛛丝在冬天还可算为奇迹,你望着它看,真有点像银,也有点像玻璃,偏偏那么斜挂在梅花的枝梢上。

二十五年新年漫记

初刊于一九三六年三月一日《大公报》"文艺副刊"第一百零二期，署名林徽因。此期为"星期特刊"。

《文艺丛刊小说选》题记

《大公报》文艺副刊出了一年多，现在要将这第一年中属于创造的短篇小说，提出来选出若干篇印成单行本，供给读者更方便的阅览。这个工作的确该使认真的作者和读者两方面全都高兴。

这里篇数并不多，人数也不多，但是聚在一个小小的选集里也还结实饱满，拿到手里可以使人充满喜悦的希望。

我们不怕读者读过了以后，这燃起的希望或者又会黯下变成失望。因为这失望竟许是不可免的，如果读者对创造界诚恳的抱着很大的理想，心里早就叠着不平常的企望。但只要是读者诚实的反应，我们都不害怕。因为这里是一堆作者老实的成绩，合起来代表一年中创造界一部分的试验，无论拿什么标准来衡量它，断定它的成功或失败，谁也没有一句话说的。

现在姑且以编选人对这多篇作品所得的感想来说，供读者浏览评阅这本选集时一种参考。简单的就是底下的一点意见。

如果我们取鸟瞰的形势来观察这个小小的局面，至少有一个最显著的现象展在我们眼下。在这些作品中，在题材的选择上似乎有个很偏的倾向：那就是趋向农村或少受教育分子或劳力者的生活描写。这倾向并不偶然，说好一点，是我们这个时代对于他们——农人与劳力者——有浓重的同情和关心；说坏一点，是一种盲从趋时的现象。但最公平的说，还是上面的两个原因都有一点关系。描写劳工社会，乡村色彩已成一种风气，且在文艺界也已有一点成绩。初起的作家，或个性不强烈的作家，就容易不自觉的，因袭这种已有眉目的格调下笔。尤其是在我们这时代，青年作家都很难过自己在物质上享用，优越于一般少受教育的民众，便很自然的要认识乡村的穷苦，对偏僻的内地发生兴趣，反倒撇开自己所熟识的生活不写。拿单篇来讲，许多都写得好，还有些写得特别精采［彩］的。但以创造界全盘试验来看，这种偏向表示贫弱，缺乏创造力量。并且为良心的动机而写作，那作品的艺术成分便会发疑问。我们希望选集在这一点上可以显露出这种创造力的缺乏，或艺术性的不真纯，刺激作家们自己更有个性，更热真的来刻画这多面综错复杂的人生，不拘泥于任何一个角度。

除却上面对题材的偏向以外，创造文艺的认真却是毫无疑问的。前一时代在流畅文字的烟幕下，刻薄的以讽刺个人博取流行幽默的小说，现已无形的摈出努力创造者的门外，衰灭下去几至绝迹。这个情形实在也值得我们作者和读者额手相庆的好现象。

在描写上，我们感到大多数所取的方式是写一段故事，或以一两人物为中心，或以某地方一桩事发生的始末为主干单纯的发展与结束，这也是比较薄弱的手法。这个我们疑惑或是许多作者误会了短篇的限制，把它的可能性看得过窄的缘故。生活大胆的断面，这里少有人尝试，剖示贴己生活的矛盾也无多少人认真的来做。这也是我们中间一种遗憾。

至于关于这里短篇技巧的水准，平均的程度，编选人却要不避嫌疑的提出请读者注意。无疑的，在结构上，在描写上，在叙事与对话的分配上，多数作者已有很成熟自然的运用。生涩幼稚和冗长散漫的作品，在新文艺早期中毫无愧色的散见于各种印刷物中，现在已完全敛迹。通篇的连贯，文字的经济，着重点的安排，颜色图画的鲜明，已成为极寻常的标准。在各篇中我们相信读者一定不会不觉察到那些好处的；为着那些地方就给了编选人以不少愉快和希望。

最后如果不算离题太远，我们还要具体的讲一点我们对于作者与作品的见解。作品最主要处是诚实。诚实的重要还在题材的新鲜，结构的完整，文字的流丽之上。即作品需诚实于作者客观所明了，主观所体验的生活。小说的情景即使整个是虚构的，内容的情感却全得藉力于迫真的，体验过的情感，毫不能用空洞虚假来支持着伤感的"情节"！所谓诚实并不是作者必需〔须〕实际的经过在作品中所提到的生活，而是凡在作品中所提到的生活，的确都是作者在理智上所极明了，在感情上极能体验得出的情景或人性。许多人因为自疚生活方式不新鲜，而故意的选择了一些特殊浪漫，而自己并不熟识的生活来做题材，然后敲诈自己有限的幻想力去铺张出自己所没有的情感，来骗取读者的同情。这种创造既浪费文字来夸张虚伪的情景和伤感，那些认真的读者，要从文艺里充实生活认识人生的，自然要感到十分的不耐烦和失望的。

生活的丰富不在生存方式的种类多与少，做过学徒，又拉过洋车，去过甘肃又走过云南，却在客观的观察力与主观的感觉力同时的锐利敏捷，能多面的明了及尝味所见，所听，所遇，种种不同的情景；还得理会到人在生活上互相的关系与牵连；固定的与偶然的中间所起戏剧式的变化；最后更得有自己特殊的看法及思想，信仰或哲学。

一个生活丰富者不在客观的见过若干事物，而在能主观的能激发很复杂，很不同的情感，和能够同情于人性的许多方面的人。

所以一个作者，在运用文字的技术学问外，必需是能立在任何生活上面，能在主观与客观之间，感觉和了解之间，理智上进退有余，情感上横溢奔放，记忆与幻想交错相辅，到了真即是假，假即是真的程度，他的笔下才现着活力真诚。他的作品才会充实伟大，不受题材或文字的影响，而能持久普遍的动人。

这些道理，读者比作者当然还要明白点，所以作品的估价永远操在认真的读者手里，这也是这个选集不得不印书，献与它的公正的评判者的一个原因。

> 初刊于一九三六年八月三十日《大公报》"文艺副刊"第二百零六期,署名林徽因。此期为"诗歌特刊"。

究竟怎么一回事

写诗究竟是怎么一回事?

写诗,或可说是要抓紧一种一时闪动的力量,一面跟着潜意识浮沉,摸索自己内心所萦回,所着重的情感——喜悦,哀思,忧怨,恋情,或深,或浅,或缠绵,或热烈;又一方面顺着直觉,认识,辨味,在眼前或记忆里官感所触遇的意象——颜色,形体,声音,动静,或细致,或亲切,或雄伟,或诡异;再一方面又追着理智探讨,剖析,理会这些不同的性质,不同分量,流转不定的情感意象所互相融会,交错策动而发生的感念;然后以语言文字(运用其声音意义)经营,描画,表达这内心意象,情绪,理解在同时间或不同时间里,适应或矛盾的所共起的波澜。

写诗,或又可说是自己情感底,主观底,所体验了解到底;和理智底,客观底所检察辨别到的,同时达到一个程度,腾沸横溢,不分宾主的互相起了一种作用,由于本能的冲动,凭着一种天赋的兴趣和灵巧,驾驭一串有声音,有图画,有情感的言语,来表现这内心与外物息息相关的联系,及其所发生的悟理或境界。

写诗,或又可以说是若不知其所以然底,灵巧底,诚挚底,在传译给理想的同情者,自己内心所流动的情感穿过繁复的意象时,被理智所窥探而由直觉与意识分着记取的符录！一方面似是惨淡经营，——至少是专诚致意，一方面似是藉力于平时不经意的准备，"下笔有神"的妙手偶然拈来；忠于情感，又忠于意象，更忠于那一串刹那间内心整体闪动的感悟。

写诗，或又可说是经过若干潜意识的酝酿，突如其来的，在生活中意识到那么凑巧的一顷刻小小时间；凑巧底，灵异底，不能自已底，流动着一片浓挚或深沉的情感，敛聚着重重繁复演变的情绪，更或凝定入一种单纯超卓的意境，而又本能的迫着你要刻画一种适合的表情。这表情积极的，像要流泪叹息或歌唱欢呼，舞蹈演述；消极的，又像要幽独静处，沉思自语。换句话说，这两者合一，便是一面要天真奔放，热情底自白去邀同情和了解，同时又要寂寞沉默，孤僻的自守来保持悠然自得的完美和严肃！

在这一个凑巧的一顷刻小小时间中（着重于那凑巧的），你的所有直觉，理智，官感，情感，记性和幻想，独立底及交互底都进出它们不平常的锐敏，紧张，雄厚，壮阔及深沉。在它们潜意识的流动，——独立底或交互底融会之间——如出偶然而又不可避免的涌上一闪感悟，和情趣——或即所谓灵感——或是亲切底对自我得失悲欢；或辽阔底对宇宙自然；或智慧底对历史人性。这一闪感悟或是混沌朦胧，或是透彻明晰。像光同时能照耀洞察，又能抚摩包含你的所有已经尝味，还在尝味，及幻想尝味的"生"的种种形色质量，且又活跃着其间综错重叠于人于我的意义。

这感悟情趣的闪动——灵感的脚步——来得轻时，好比潺潺清水婉转流畅，自然的洗涤，浸润一切事物情感，倒影映月，梦残歌罢，美感的旋起一种超实际的权衡轻重，可抒成慷慨缠绵千行的长歌，可留下如幽咽微叹般的三两句诗词。愉悦的心声，轻灵的心画，常如啼鸟落花，轻风满月，夹杂着情绪的缤纷；泪痕巧笑，奔放轻盈，若有意若无意的遗留在各种言语文字上。

但这感悟情趣的闪动，若激越澎湃来得强时，可以如一片惊涛飞沙，由大处见到纤微，由细弱的物体看它变动，宇宙人生，幻若苦谜。一切又如经过烈火燃烧锤炼，分散，减化成为净纯的茫焰气质，升处所有情感意象于空幻，神秘，变移无定，或不减不变绝对，永恒的玄哲境域里去，卓越隐奥，与人生情理遥远底好像隔成距离。身受者或激昂通达，或禅寂淡远，将不免挣扎于超情感，超意象，乃至于超言语，以心传心的创造。隐晦迷离，如禅偈玄诗，便不可制止的托生在与那幻理境界几不适宜的文字上，占定其生存权。

写诗……

总而言之，天知道究竟写诗是怎么一回事。在写诗的时候，或者是"我知道，天知道"；到写了之后，最好学 Browning 不避嫌疑的自讥的，只承认"天知道"，天下关于写诗的笔墨官司便都省了。

我们仅听到写诗人自己说一阵奇异的风吹过，或是一片澄清的月色，一个惊讶，一次心灵的振荡，便开始他写诗的尝试，迷于意境文字音乐的搏斗，但是究竟这奇异的风和月，心灵的振荡或惊讶是甚么？是不是仍为那可以追踪到内心直觉的活动；到潜意识后面那综错交流的情感与意象；那意识上理智的感念思想；以及要求表现的本能冲动？灵异的风和月所指的当是外界的一种偶然现象，同时却也是指它们是内心活动的一种引火线。诗人说话没有不打比喻的。

我们根本早得承认诗是不能脱离象征比喻而存在的。在诗里情感必依附在意象上，求较具体的表现；意象则必须较明晰底或沉着底，恰适底烘托情感，表征含义。如果这还需要解释，常识底，我们可以问：在一个意识的或直觉的，官感，情感，理智，同时并重的一个时候，要一两句简约的话来代表一堆重叠交错的外象和内心情绪思想所发生的微妙的联系，而同时又不失却原来情感的质素分量，是不是容易或可能的事？一个比喻或一种象征在字面或事物上可以极简单，而同时可以带着字面事物以外的声音颜色形状，引起它们与其他事物关系的联想。这个办法可以多方面底来辅助每句话确实的含义，而又加增官感情感理智每方面的刺激和满足，道理甚为明显。

　　无论什么诗都从不曾脱离过比喻象征，或比喻象征式的言语。诗中意象多不是寻常纯客观的意象。诗中的云霞星宿，山川草木，常有人性的感情，同时内心人性的感触反又变成外界的体象，虽简明浅现隐奥繁复各有不同的。但是诗虽不能缺乏比喻象征，象征比喻却并不是诗。

　　诗的泉源，上面已说过，是意识与潜意识底融会交流综错的情感意象和概念所促成；无疑的，诗的表现必是一种形象情感思想合一的语言。但是这种语言，不能仅是语言，它又须是一种类似动作的表情，这种表情又不能只是表情，而须是一种理解概念的传达。它同时须不断的传译情感，描写现象诠释感悟。它不是形体而须创造形体颜色；它是音声，却最多仅要留着长短节奏。最要紧的是按着疾徐高下，和有限的铿锵音调，依附着一串单独或相联的字义上边；它须给直觉意识，情感理智，以整体的快惬。

　　因为相信诗是这样繁难的一列多方面条件的满足，我们不能不怀疑到纯净意识的，理智的，或可以说是"技术的"创造——或所谓"工"之绝无能为。诗之所以发生，就不叫它做灵感的来临，主要的亦当在那一闪力量突如其来，或灵异的一刹那的"凑巧"，将所有繁复的"诗的因素"都齐集会萃于一俄顷偶然的时间里。所以诗的创造或完成，主要亦当在那灵异的，凑巧的，偶然的活动一部分属意识，一部分属直觉，更多一部分属于潜意识的，所谓"不以文而妙"的"妙"。理智情感，明晰隐晦都不失之过偏。意象瑰丽迷离，转又朴实平淡，像是纷纷纭纭不知所从来，但飘忽中若有必然的线索可寻；理解玄奥繁难，也像是纷纷纭纭莫明所以。但错杂里又是斑驳分明，情感穿插联系其中，若有若无，给草木气候，给热情颜色。一首好诗在一个会心的读者前边有时真会是一个奇迹！但是伤感流丽，铺张的意象，涂饰的情感，用人工连缀起来，疏忽的看去，也未尝不像是诗。故作玄奥渊博，颠倒义象，堆砌起重重理喻的诗，也可以吓然惊人一下。

　　写诗究竟是怎么一回事，真是惟有天知道得最清楚！读者与作者，读者与读者，作者与作者关于诗的意见，历史告诉我传统的是要永远的差别分歧，争争吵吵到无尽时。因为老实的说，谁也仍然不知道写诗是怎么一回事的，除却如这篇文字所表示的，勉强以抽象的许多名词，具体的一些比喻来捉摸描写那一种特殊的直觉活动，献出一个极不能令人满意的答案。

彼此

> 初刊于一九三九年二月五日《今日评论》第一卷第六期,署名林徽因。

朋友又见面了,点点头笑笑,彼此晓得这一年不比往年,彼此是同增了许多经验。个别的说,这时间中每一人的经历虽都有特殊的形相,含着特殊的滋味,需要个别的情绪来分析来描述。

总[综]合的说,这许多经验却是一整片仿佛同式同色,同大小,同分量的迷惘。你触着那一角,我碰上这一头,归根还是那一片迷惘笼罩着彼此。七月!——这两字就如同史歌的开头那么有劲——八月,九月带来了那狂风,后来,后来过了年——那无法忘记的除夕!——又是那一月,二月,三月,到了七月,再接再厉的又到了年夜。现在又是一月二月在开始……谁记得最清楚,这串日子是怎样的延续下来,生活如何的变?想来彼此都不会记得过分清晰,一切都似乎在这离中旋转,但谁又会忘掉那么切肤的重重忧患的网膜?

经过炮火或流浪的洗礼,变换又变换的日月,难道彼此脸上没有一点记载这经验的痕迹?但是当整一片国土纵横着创痕,大家都是"离散而相失……去故乡而就远",自然"心婵媛而伤怀兮,眇不知其所蹠",脸上所刻那几道并不使彼此惊讶,所以还只是笑笑好。口角边常添几道酸甜的纹路,可以帮助彼此咀嚼生活。何不默认这一点：在迷惘中人最应该有笑，这种的笑，虽然是敛住神经，敛住肌肉，仅是毅力的后背，它却是必需的，如同保护色对于许多生物，是必需的一样。

那一晚在××江心，某一来船的甲板上，热臭的人丛中，他记起他那时的困顿饥渴和狼狈，旋绕他头上的却是那真实倒如同幻象，幻象又成了真实的狂敌杀人的工具，敏捷而近代型的飞机：美丽得像鱼像鸟……！这里黯然的一掬笑是必需的，因为同样的另外一个人懂得那原始的骤然唤起纯筋肉反射作用的恐怖。他也正在想那时他在××车站台上露宿，天上有月，左右有人，零落如同被风雨摧落后的落叶，瑟索地蜷伏着，他们心里都在回味那一天他们所初次尝到的敌机的轰炸！谈话就可以这样无限制的延长，因为现在都这样的记忆，——比这样更辛辣苦楚的——在各人心里真是太多了！随便提起一个地名大家所熟悉的都会或商埠，随着全会涌起怎样的一个最后印象！

再说初入一个陌生城市的一天，——这经验现在又多普遍！——尤其是在夜间，这里就把个别的情形和感触除外，在大家心底曾留下的还不是一剂彼此都熟识的清凉散？苦里带涩，那滋味侵入脾胃时，小小的冷噤会轻轻在背脊上爬过，用不着丝毫锐性的感伤！也许他可以说他在那夜进入某某城内时，看到一列小店门前凄惶的灯，黄黄的发出奇异的晕光，使他嗓子里如梗着刺，感到一种发紧的触觉。你所能记得的却是某一号车站后面黯白的煤气灯射到陌生的街心里，使你心里好像失落了什么。

那陌生的城市，在地图上指出时，你所经过的同他所经过的也可以有极大的距离，你同他当时的情形也可以完全的不相同。但是在这里，个别的异同似乎非常之不相干；相干的仅是你我会彼此点头，彼此会意，于是也会彼此的笑笑。

七月在卢沟桥与敌人开火以后，纵横中国土地上的脚印密密的衔接起来，更加增了中国地域广漠的证据。每个人参加过这广漠地面上流转的大韵律的，对于尘土和血，两件在寻常不多为人所理会的，极寻常的天然质素，现在每人在他个别的角上，对它们都发生了莫大亲切的认识。每一寸土，每一滴血，这种话，已是可接触，可把持的十分真实的事物，不仅是一句话一个"概念"而已。

在前线的前线，兴奋和疲劳已掺拌着尘土和血另成一种生活的形体魂魄。睡与醒中间，饥与食中间，生和死中间，距离短得几乎不存在！生活只是一股力，死亡一片沉默的恨，事情简单得无可再简单。尚在生存着的，继续着是力，死去的也继续着堆积成更大的恨。恨又生力，力又变恨，惘惘的却勇敢的循环着，其他一切则全是悬在这两者中间悲壮热烈的穿插。

在后方，事情却没有如此简单，生活仍然缓弛地伸缩着；食宿生死间距离恰像黄昏长影，长长的，尽向前引伸，像要扑入夜色，同夜溶成一片模糊。在日夜宽泛的循回里于是穿插反更多了，真是天地无穷，人生长勤。生之穿插零乱而琐屑，完全无特殊的色泽或轮廓，更不必说英雄气息壮烈成分。斑斑点点仅像小血锈凝在生活上，在你最不经意中烙印生活。如果你有志不让生活在小处窳败，逐渐减损，由锐而钝，由张而弛，你就得更感谢那许多极平常而琐碎的摩擦，无日无夜的透过你的神经，肌肉或意识。这种时候，叹息是悬起了，因一切虽然细小，却绝非从前所熟识的感伤。每件经验都有它粗壮的真实，没有叹息的余地。口边那酸甜的纹路是实际哀乐所刻画而成，是一种坚忍韧性的笑。因为生活既不是简单的火焰时，它本身是付［副］沉重，需要韧性的支持，需要产生这韧性支持的力量。

现在后方的问题，是这种力量的泉源在那里？决不凭着平日均衡的理智，——那是不够的，天知道！尤其是在这时候，情感就在皮肤底下"踊跃其若汤"，似乎它所需要的是超理智的冲动！现在后方被缓的生活，紧的情感，两面摩擦得愁郁无快，居戚戚而不可解，每个人都可以苦恼而又热情的唱"终长夜之曼曼兮，掩此哀而不去"，或"宁逝［溘］死而流亡兮，不忍为此之常愁"！支持这日子的主力在那里呢？你我生死，就不检讨它的意义以自大，也还需要一点结实的凭藉才好。

我认得有个人，很寻常的过着国难日子的寻常人，写信给他朋友说，他的嗓子虽然总是那么干哑，他却要哑着嗓子私下告诉他的朋友：他感到无论如何在这时候，他为这可爱的老国家带着血活着，或流着血或不流着血死去，他都觉得荣耀，异于寻常的，他现在对于生与死都必然感到满足。这话或许可以在许多心弦上叩起回响，我常思索这简单朴实的情感是从那里来的。

信念？像一道泉流透过意识，我开始明了理智同热血的冲动以外，还有个纯真的力量的出处。信心产生力量，又可储蓄力量。

信仰坐在我们中间多少时候了，你我可曾觉察到？信仰所给与我们的力量不也正是那坚忍韧性的倔强？我们都相信，我们只要都为它忠贞的活着或死去，我们的大国家自会永远的向前迈进，由一个时代到又一个时代。我们在这生是如此艰难，死是这样容易的时候，彼此仍会微笑点头的缘故也就在这里吧？现在生活既这样的彼此患难同味，这信心自是，我们此时最主要的连系，不信你问他为什么仍这样硬朗的活着，他的回答自然也是你的回答，如果他也问你。

　　信仰坐在我们中间多少时候了？那理智热情都不能代替的信心！

　　思索时许多事，在思流的过程中，总是那么晦涩，明了时自己都好笑所想到的是那么简易明显的事实！此时我拭下额汗，差不多可以意识到自己口边的纹路，我尊重着那酸甜的笑，因为我明白起来，它是力量。

　　话不用再说了，现在一切都是这么彼此，这么共同，个别的情绪这么不相干。当前的艰苦不是个别的，而是普遍的，充满整一个民族，整一个时代！我们今天所叫做生活的，过后它便是历史。客观的无疑我们彼此所熟识的艰苦正在展开一个大时代。所以别忽略了我们现在彼此的点点头。且最好让我们共同酸甜的笑纹，有力的，坚韧的，横过历史。

初刊于一九四六年十一月二十四日《大公报》「文艺副刊」。署名林徽因。此期为「星期文艺」第七期。

一片阳光

　　放了假，春初的日子松弛下来。将午未午时候的阳光，澄黄的一片，由窗槛横浸到室内，晶莹的四处射。我有点发怔，习惯的在沉寂中惊讶我的周围。我望着太阳那湛明的体质，像要辨别它那交织绚烂的色泽，追逐它那不着痕迹的流动。看它洁净的映到书桌上时，我感到桌面上平铺着一种恬静，一种精神上的豪兴，情趣上的闲逸；即或所谓"窗明几净"，那里默守着神秘的期待，漾开诗的气氛。那种静，在静里似可听到那一处琤琮［玜］的泉流，和着仿佛是断续的琴声，低诉着一个幽独者自娱的音调。看到这同一片阳光射到地上时，我感到地面上花影浮动，暗香吹拂左右，人随着响午的光霭花气在变幻，那种动，柔谐婉转有如无声音乐，令人悠然轻快，不自觉的脱落伤愁。至多，在舒扬理智的客观里使我偶一回头，看看过去幼年记忆步履所留的残迹，有点儿惋惜时间；微微怪时间不能保存情绪，保存那一切情绪所曾流连的境界。

　　倚在软椅上不但奢侈，也许更是一种过失，有闲的过失。但东坡的辩护"懒者常似静，静岂懒者徒"，不是没有道理。如果此刻不倚榻上而"静"，则方才情绪所兜的小小圈子便无条件的失落了去！人家就不可惜它，自己却实在不能不感到这种亲密的损失的可哀。

就说它是情绪上的小小旅行吧，不走并无不可，不过走走未始不是更好。归根说，我们活在这世上到底最珍惜一些什么？果真珍惜万物之灵的人的活动所产生的种种，所谓人类文化？这人类文化到底又靠一些什么？我们怀疑或许就是人身上那一撮精神同机体的感觉，生理心理所共起的情感，所激发出的一串行为，所聚敛的一点智慧，——那么一点点人之所以为人的表现。宇宙万物客观的本无所可珍惜，反映在人性上的山川草木禽兽才开始有了秀丽，有了气质，有了灵犀。反映在人性上的人自己更不用说。没有人的感觉，人的情感，即便有自然，也就没有自然的美，质或神方面更无所谓人的智慧，人的创造，人的一切生活艺术的表现！这样说来，谁该鄙弃自己感觉上的小小旅行？为壮壮自己胆子，我们更该相信惟其人类有这类情绪的驰骋，实际的世间才赓续着产生我们精神所寄托的文物精萃。

此刻我竟可以微微一咳嗽，乃至用播音的圆润口调说：我们既然无疑的珍惜文化，即尊重盘古到今种种的艺术——无论是抽象的思想的艺术，或是具体的驾驭天然材料另创的非天然形象——则对于艺术所由来的渊源，那点点人的感觉，人的情感智慧（通称人的情绪的），又当如何的珍惜才算合理？

但是情绪的驰骋，显然不是诗或画或任何其他艺术建造的完成。这驰骋此刻虽占了自己生活的若干时间，却并不在空间里占任何一个小小位置！这个情形自己需完全明了。此刻它仅是一种无踪迹的流动，并无栖身的形体。它或含有各种或可捉摸的质素，但是好奇的探讨这个质素而具体要表现它的差事，无论其有无意义，除却本人外，别人是无能为力的。我此刻为着一片清婉可喜的阳光，分明自己在对内心交流变化的各种联想发生一种兴趣的注意，换句话说，这好奇与兴趣的注意已是我此刻生活的活动。一种力量又迫着我来把握住这个活动，而设法表现它，这不易抑制的冲动，或即所谓技术冲动也未可知！只记得冷静的杜工部散散步，看看花，也不免会有"江上被花恼不彻，无处告诉只颠狂"的情绪上一片紊乱！玲珑煦暖的阳光照人面前，那美的感人力量就不减于花，不容我生硬的自己把情绪分划为有闲与实际的两种，而权其轻重，然后再决定取舍的。我也只有情绪上一片紊乱。

情绪的旅行本偶然的事，今天一开头便为着这片春初晌午的阳光，现在也还是为着它。房间内有两种豪侈的光常叫我的心绪紧张如同花开，趁着感觉的微风，深浅零乱于冷智的枝叶中间。一种是烛光，高高的台座，长垂的蜡泪，熊熊红焰当帘幕四下时各处光影掩映。那种闪烁明艳，雅有古意，明明是画中景象，却含有更多诗的成分。另一种便是这初春晌午的阳光，到时候有意无意的大片子洒落满室，那些窗槛栏板几案笔砚浴在光霭中，一时全成了静物图案；再有红蕊细枝点缀几处，室内更是轻香浮溢，叫人俯仰全触到一种灵性。

这种说法怕有点会发生误会，我并不说这片子阳光射入室内，需要笔砚花香那些儒雅的托衬才能动人，我的意思倒是：室内顶寻常的一些供设，只要一片阳光这样又幽娴又洒脱的落在上面，一切都会带上另一种动人的气息。

这里要说到我最初认识的一片阳光。那年我六岁，记得是刚刚出了水珠以后——水珠即寻常水痘，不过我家乡的话叫它做水珠。

当时我很喜欢那美丽的名字，忘却它是一种病，因而也觉到一种神秘的骄傲。只要人过我窗口问问出"水珠"么？我就感到一种荣耀。那个感觉至今还印在脑子里。也为这个缘故，我还记得病中奢侈的愉悦心境。虽然同其他多次的害病一样，那次我仍然是孤独的被囚禁在一间房屋里休养的。那是我们老宅子里最后的一进房子；白粉墙围着小小院子，北面一排三间，当中夹着一个开敞的厅堂。我病在东头娘的卧室里。西头是婶婶的住房。娘同婶永远要在祖母的前院里行使她们女人们的职务的，于是我常是这三间房屋惟一留守的主人。

在那三间屋子里病着，那经验是难堪的。时间过得特别慢，尤其是在日中毫无睡意的时候。起初，我仅集注我的听觉在各种似脚步，又不似脚步的上面。猜想着，等候着，希望着人来。间或听听隔墙各种琐碎的声音，由墙基底下传达出来又消敛了去。过一会，我就不耐烦了——不记得是怎样的，我就趿着鞋，挓着木床走到房门边。房门向着厅堂斜斜的开着一扇，我便扶着门框好奇的向外探望。

那时大概刚是午后两点钟光景，一张刚开过饭的八仙桌，异常寂寞的立在当中。桌下一片由厅口处射进来的阳光，泄泄融融的倒在那里。一个绝对悄寂的周围伴着这一片无声的金色的晶莹，不知为什么，忽使得那六岁孩子的心里起了一次极不平常的振荡。

那里并没有几案花香，美术的布置，只是一张极寻常的八仙桌。如果我的记忆没有错，那上面在不多时间以前，是刚陈列过咸鱼、酱菜一类极寻常俭朴的午餐的。小孩子的心却呆了。或许两只眼睛倒张大一点，四处的望，似乎在寻觅一个问题的答案。为怎〔什〕

么那片阳光美得那样动人？我记得我爬到房内窗前的桌子上坐着，有意无意的望望窗外；院里粉墙疏影同室内那片金色的和煦绝然不同趣味。顺便我翻开手边娘梳装用的旧式镜箱，又上下摇动那小排抽屉，同那刻成花篮形状的小铜坠子，不时听雀跃过枝清脆的鸟语。心里却仍为着那片阳光隐着一片模糊的疑问。

  时间经过二十多年，直到今天，又是这样一泄阳光，一片不可捉摸，不可思议流动的而又恬静的瑰宝，我才明白我那问题是永远没有答案的。事实上仅是如此：一张孤独的桌，一角寂寞的厅堂，一只灵巧的镜箱，或窗外断续的鸟语，和水珠——那美丽小孩子的病名——便凑巧永远同初春静沉的阳光整整复斜斜的成了我回忆中极自然的联想。

倏忽人间
四月天

梁从诫

本文系作者当年为准备出版林徽因的作品集而撰，发表时有附题——"回忆我的母亲林徽因"。

母亲去世已经三十二年了。现在能为她出这么一本小小的文集——她唯一的一本，使我欣慰，也使我感伤。

今天，读书界记得她的人已经不多了。老一辈谈起，总说那是三十年代一位多才多艺、美丽的女诗人。但是，对于我来说，她却是一个面容清癯、削瘦的病人，一个忘我的学者，一个用对成年人的平等友谊来代替对孩子的抚爱（有时却是脾气急躁）的母亲。

三十年代那位女诗人当然是有过的。可惜我并不认识，不记得。那个时代的母亲，我只可能在后来逐步有所了解。当年的生活和往事，她在我和姐姐梁再冰长大后曾经同我们谈起过，但也不常讲。母亲的后半生，虽然饱受病痛折磨，但在精神和事业上，她总有新的追求，极少以伤感的情绪单纯地缅怀过去。至今仍被一些文章提到的半个多世纪前的某些文坛旧事，我没有资格评论。但我有责任把母亲当年亲口讲过的，和我自己直接了解的一些情况告诉关心这段文学史的人们。或许它们会比那些传闻和臆测更有意义。

早年

我的外祖父林长民（宗孟）出身仕宦之家，几个姊妹也都能诗文，善书法。外祖父留学日本，英文也很好，在当时也是一位新派人物。但是他同外祖母的婚姻却是家庭包办的一个不幸的结合。外祖母（按：林徽因的母亲何雪媛是林长民的第二位夫人。）虽然容貌端正，却是一位没有受过教育的、不识字的旧式妇女，因为出自有钱的商人家庭，所以也不善女红和持家，因而既得不到丈夫，也得不到婆婆的欢心。婚后八年，才生下第一个孩子——一个美丽、聪颖的女儿。这个女儿虽然立即受到全家的珍爱，但外祖母的处境却并未因此改善。外祖父不久又娶了一房夫人（按：林长民的第三位夫人程桂林），外祖母从此更受冷遇，实际上过着与丈夫分居的孤单的生活。母亲从小生活在这样的家庭矛盾之中，常常使她感到困惑和悲伤。

童年的境遇对母亲后来的性格是有影响的。她爱父亲，却恨他对自己母亲的无情；她爱自己的母亲，却又恨她不争气；她以长姊真挚的感情，爱着几个异母的弟妹，然而，那个半封建家庭中扭曲了的人际关系却在精神上深深地伤害过她。可能是由于这一切，她后来的一生中很少表现出三从四德式的温顺，却不断地在追求人格上的独立和自由。

少女时期，母亲曾经和几位表姊妹一道，在上海和北京的教会女子学校中读过书，并跟着那里的外国教员学会了一口相当流利的英语。一九二〇年，当外祖父在北洋官场中受到排挤而被迫"出国考察"时，决定携带十六岁的母亲同行。关于这次欧洲之旅我所知甚少。只知道他们住在伦敦，同时曾到大陆一些国家游历。母亲还考入了一所伦敦女子学校暂读。

在去英国之前，母亲就已认识了当时刚刚进入"清华学堂"的父亲。从英国回来，他们的来往更多了。在我的祖父梁启超和外祖父看来，这门亲事是颇为相当的。但是两个年轻人此时已经受到过相当多的西方民主思想的熏陶，不是顺从于父辈的意愿，而确是凭彼此的感情而建立起亲密的友谊的。他们之间在对中国传统文化的珍爱和对造型艺术的趣味方面有着高度的一致性，但是在其他方面也有许多差异。父亲喜欢动手，擅长绘画和木工，又酷爱音乐和体育，他生性幽默，做事却喜欢按部就班，有条不紊；母亲富有文学家式的热情，灵感一来，兴之所至，常常可以不顾其他，有时不免受情绪的支配。我的祖母一开始就对这位性格独立不羁的新派的未来儿媳不大看得惯，而两位热恋中的年轻人当时也不懂得照顾和体贴已身患重病的老人的心情，双方关系曾经搞得十分紧张，从而使母亲又逐渐卷入了另一组家庭矛盾之中。这种局面更进一步强化了她内心那种潜在的反抗意识，并在后来的文学作品中有所反映。

父亲在清华学堂时代就表现出相当出众的美术才能，曾经想致力于雕塑艺术，后来决定出国学建筑。母亲则是在英国时就受到一位女同学的影响，早已向往于这门当时在中国学校中还没有的专业。在这方面，她和父亲可以说早就志趣相投了。一九二三年五月，正当父亲准备赴美留学的前夕，一次车祸使他左腿骨折。这使他的出国推迟了一年，并使他的脊椎受到了影响终生的严重损伤。不久，母亲也考取了半官费留学。

一九二四年，他们一同来到美国宾夕法尼亚大学。父亲入建筑系，母亲则因该系当时不收女生而改入美术学院，但选修的都是建筑系的课程，后来被该系聘为"辅导员"。

一九二五年底，外祖父在一场军阀混战中死于非命。这使正在留学的母亲精神受到很大打击。

1927年，父亲获宾州大学建筑系硕士学历，母亲获美术学院学士学位。此后,他们曾一道在一位著名的美国建筑师的事务所里工作过一段时间。不久,父亲转入哈佛大学研究美术史。母亲则到耶鲁大学戏剧学院随贝克教授学舞台美术。据说,她是中国第一位在国外学习舞台美术的学生,可惜她后来只把这作为业余爱好,没有正式从事过舞台美术活动。母亲始终是一个戏剧爱好者。一九二四年,当印度著名诗翁泰戈尔应祖父和外祖父之邀到中国访问时,母亲就曾用英语串演过泰翁名作《齐德拉》;三十年代,她也曾写过独幕和多幕话剧。

关于父母的留学生活,我知道得很少。一九二八年三月,他们在加拿大渥太华举行了婚礼,当时我的大姑父在那里任中国总领事。母亲不愿意穿西式的白纱婚礼服,但又没有中式"礼服"可穿,她便以构思舞台服装的想象力,自己设计了一套"东方式"带头饰的结婚服装,据说曾使加拿大新闻摄影记者大感兴趣。这可以说是她后来一生所执着追求的"民族形式"的第一次幼稚的创作。婚后,他们到欧洲度蜜月,实际也是他们学习西方建筑史之后的一次见习旅行。欧洲是母亲少女时的旧游之地,婚后的重访使她感到亲切。后来曾写过一篇散文《贡纳达之夜》,以纪念她在这个西班牙小城中的感受。

一九二八年八月,祖父在国内为父亲联系好到沈阳东北大学创办建筑系,任教授兼系主任。工作要求他立即到职,同时祖父的肾病也日渐严重。为此,父母中断了欧洲之游,取道西伯利亚赶回了国内。本来,祖父也为父亲联系了在清华大学的工作,但后来却力主父亲去沈阳,他在信上说:"(东北)那边建筑事业将来有大发展的机会,比温柔乡的清华园强多了。但现在总比不上在北京舒服,……我想有志气的孩子,总应该往吃苦路上走。"父亲和母亲一道在东北大学建筑系的工作进行得很顺利,可惜东北严寒的气候损害了母亲的健康。一九二九年一月,祖父在北平不幸病逝。同年八月,我姐姐 *我姐姐 指梁再冰。在沈阳出生。此后不久,母亲年轻时曾一度患过的肺病复发,不得不回到北京,在香山疗养。

北平

香山的"双清"也许是母亲诗作的发祥之地。她留下来的最早的几首诗都是那时在这里写成的。清静幽深的山林,同大自然的亲近,初次做母亲的快乐,特别是北平朋友们的真挚友情,常使母亲心里充满了宁静的欣悦和温情,也激起了她写诗的灵感。从一九三一年春天,她开始发表自己的诗作。

母亲写作新诗,开始时在一定程度上受到过徐志摩的影响和启蒙。她同徐志摩的交往,是过去文坛上许多人都知道,却又讹传很多的一段旧事。在我和姐姐长大后,母亲曾经断断续续地同我们讲过他们的往事。母亲同徐是一九二〇年在伦敦结识的。当时徐是外祖父的年轻朋友,一位二十四岁的已婚者,在美国学过两年经济之后,转到剑桥学文学;而母亲则是一个还未脱离旧式大家庭的十六岁的女中学生。据当年曾同徐志摩一道去过林寓的张奚若伯伯多年以后对我们的说法:"你们的妈妈当时留着两条小辫子,差一点把我和志摩叫做叔叔!"因此,当徐志摩以西方式诗人的热情突然对母亲表示倾心的时候,母亲无论在精神上、思想上,还是生活体验上都处在与他完全不能对等的地位上,因此也就不可能产生相应的感情。母亲后来说过,那时,像她这么一个在旧伦理教育熏陶下长大的姑娘,竟会像有人传说地那样去同一个比自己大八九岁的已婚男子谈恋爱,简直是不可思议的事。母亲当然知道徐在追求自己,而且也很喜欢和敬佩这位诗人,尊重他所表露的爱情,但是正像她自己后来分析的:"徐志摩当时爱的并不是真正的我,而是他用诗人的浪漫情绪想象出来的林徽音,可我其实并不是他心目中所想的那样一个人。"不久，母亲回国，他们便分手了。等到一九二二年徐回到国内时，母亲同父亲的关系已经十分亲密，后来又双双出国留学，和徐志摩更没有了直接联系。父母留学期间，徐志摩的离婚和再娶，成了当时国内文化圈子里几乎人人皆知的事。可惜他的再婚生活后来带给他的痛苦竟多于欢乐。一九二九年母亲在北平与他重新相聚时，他正处在那样的心境中，而母亲却满怀美好的憧憬，正迈向新的生活。这时的母亲当然早已不是伦敦时代那个梳小辫子的女孩，她在各方面都已成熟。徐志摩此时对母亲的感情显然也越过了浪漫的幻想，变得沉着而深化了。徐志摩是一个真挚奔放的人，他所有的老朋友都爱他，母亲当然更珍重他的感情。尽管母亲后来也说过，徐志摩的情趣中有时也露出某种俗气，她并不欣赏，但是这没有妨碍他们彼此成为知音，而且徐也一直是我父亲的挚友。母亲告诉过我们，徐志摩那首著名的小诗《偶然》是写给她的，而另一首《你去》，徐也在信中说明是为她而写的，那是他遇难前不久的事。从这前后两首有代表性的诗中，可以体会出他们感情的脉络，比之一般外面的传说，却要崇高许多。

一九三一年以后，母亲除诗以外，又陆续发表了一些小说、散文和剧本，很快就受到北方文坛的注意，并成为某些文学活动中的活跃分子。从她早期作品的风格和文笔中，可以看到徐志摩的某种影响，直到她晚年，这种影响也还依稀有着痕迹。但母亲从不屑于模仿，她自己的特色愈来愈明显。母亲文学活动的另一特点，是热心于扶植比她更年轻的新人。她参加了几个文学刊物或副刊的编辑工作，总是尽量为青年人发表作品提供机会；她还热衷于同他们交谈、鼓励他们创作。她为之铺过路的青年中，有些人后来成了著名作家。关于这些，认识她的文学前辈们大概还能记得。

母亲开始写作时，已是"新月派"活动的晚期，除了徐志摩外，她同"新月派"其他人士的交往并不深。她初期的作品发表在《新月》上的也不很多。虽然她在风格上同"新月派"有不少相同的地方，但她却从不认为自己就是"新月派"，也不喜欢人家称她为"新月派诗人"。徐志摩遇难后，她与其他人的来往更少，不久，这个文学派别也就星散了。这里，还要顺带提到所谓徐志摩遗存的"日记"问题。徐生前是否曾将日记交母亲保存，我从未听母亲讲起过（这类事在我们稍长后，母亲就从不在我们姊弟面前隐讳和保密），但我确知，抗战期间当我们全家颠沛于西南诸省时，父母仅有的几件行李中是没有这份文献的。抗战之后，我家原存放在北平、天津的文物、书信等已大部分在沦陷期间丢失，少量残存中也没有此件。新中国成立初期，母亲曾自己处理过一些旧信、旧稿，其中也肯定不含此件。因此，几位权威人士关于这份"日记"最后去向的种种说法和猜测，我不知道有什么事实根据。特别是几年前一位先生在文章中说，我母亲曾亲口告诉他，徐志摩的两本日记"一直"由她保存着，不禁使我感到惊奇。不知这个"一直"是指到什么时候？我只知道，我们从小在家里从来也没有听到过母亲提起过这位先生的名字。

　　文学上的这些最初的成就，其实并没有成为母亲当时生活的主旋律。对她后来一生的道路发生了重大影响的，是另一件事。一九三一年四月，父亲看到日本侵略势力在东北日趋猖狂，便愤然辞去了东北大学建筑系的职务，放弃了刚刚在沈阳安下的家，回到了北平，应聘来到朱启钤先生创办的一个私立学术机构，专门研究中国古建筑的"中国营造学社"，并担任了"法式部"主任，母亲也在"学社"中任"校理"。以此为发端，开始了他们的学术生涯。

　　当时，这个领域在我国学术界几乎还是一片未经开拓的荒原。国外几部关于中国建筑史的书，还是日本学者的作品，而且语焉不详，埋没多年的我国宋代建筑家李诫（明仲）的《营造法式》，虽经朱桂老热心重印,但当父母在美国收到祖父寄去的这部古书时,这两个建筑学生却对其中术语视若"天书",几乎完全不知所云。遍布祖国各地无数的宫殿、庙宇、塔幢、园林,中国自己还不曾根据近代的科学技术观念对它们进行过研究。它们结构上的奥秘、造型和布局上的美学原则,在世界学术界面前,还是一个未解之谜。西方学者对于欧洲古建筑的透彻研究,对每一处实例的精确记录、测绘,对于父亲和母亲来说,是一种启发和激励。留学时代,父亲就曾写信给祖父,表示要写成一部"中国宫室史",祖父鼓励他说:"这诚然是一件大事。"可见,父亲进入这个领域,并不是一次偶然的选择。

母亲爱文学,但只是一种业余爱好,往往是灵感来时才欣然命笔,更不会去"为赋新词强说愁"。然而,对于古建筑,她却和父亲一样,一开始就是当作一种近乎神圣的事业来献身的。

从一九三一到三七年,母亲作为父亲的同事和学术上的密切合作者,曾多次同父亲和其他同事们一道,在河北、山西、山东、浙江等省的广大地区进行古建筑的野外调查和实测。我国许多有价值的,原貌尚存的古代建筑,往往隐没在如今已是人迹罕至的荒郊野谷之中。当年,他们到这些地方去实地考察,常常不得不借助于原始的交通工具,甚至徒步跋涉,"餐风宿雨","艰苦简陋的生活,与寻常都市相较,至少有两世纪的分别"。然而,这也给了他们这样的长久生活于大城市中的知识分子一种难得的机会,去观察和体验偏僻农村中劳动人民艰难的生活和淳朴的作风。这种经验曾使母亲的思想感情发生了很大的震动。

作为一个古建筑学家,母亲有她独特的作风。她把科学家的缜密、史学家的哲思、文艺家的激情融于一身。从她关于古建筑的研究文章,特别是为父亲所编《清式营造则例》撰写的"绪论"中,可以看到她在这门科学上造诣之深。她并不是那种仅会发思古之幽情,感叹于"多少楼台烟雨中"的古董爱好者;但又不是一个仅仅埋头于记录尺寸和方位的建筑技师。在她眼里,古建筑不仅是技术与美的结合,而且是历史和人情的凝聚。一处半圮的古刹,常会给她以深邃的哲理和美感的启示,使她禁不住要创造出"建筑意"这么个"狂妄的"名词来和"诗情""画意"并列。好在,那个时代他们还真不拘于任何"框框",使她敢于用那么奔放的文学语言,乃至嬉笑怒骂的杂文笔法来写她的学术报告。母亲在测量、绘图和系统整理资料方面的基本功不如父亲,但在融汇材料方面却充满了灵感,常会从别人所不注意的地方独见精采,发表极高明的议论。那时期,父亲的论文和调查报告大多经过她的加工过色。父亲后来常常对我们说,他文章的"眼睛"大半是母亲给"点"上去的。这一点在"文化大革命"中却使父亲吃了不少苦头。因为母亲那些"神来之笔"往往正是那些戴红袖章的狂徒们所最不能容忍的段落。

这时期的生活经验,在母亲三十年代的文学作品中有着鲜明的反映。这些作品一方面表现出一个在优越的条件下顺利地踏入社会并开始获得成功的青年人充满希望的兴奋心情;另一方面,却又显出她对自己生活意义的怀疑和探索。但这并不似当时某些对象牙之塔厌倦了而又无所归依的"螃蟹似的"文学青年的那种贫乏的彷徨,她的探求是诚实的。正如她在一封信中所说的:在她看来,真诚,即如实地表现自己确有的思想感情,是文学作品的第一要义。她的小说《九十九度中》和散文《窗子以外》,都是这种真情的流露。在远未受到革命意识熏染之前,能够这样明确地提出知识分子与劳动人民的关系问题,渴望越出那扇阻隔于两者之间的"窗子",对于像她这样出身和经历的人来说,是很不容易的。

三十年代是母亲最好的年华,也是她一生中物质生活最优裕的时期,这使得她有条件充分地表现出自己多方面的爱好和才艺。除了古建筑和文学之外，她还做过装帧设计、服装设计；同父亲一道设计了北京大学的女生宿舍，为王府井"仁立地毯公司"门市部设计过民族形式的店面（可惜他们设计的装修今天被占用着这间店面的某时装公司拆掉了。名家手笔还不如廉价的铝合金装饰板。这就是时下经理们的审美标准和文化追求！），单独设计了北京大学地质馆，据曹禺同志告诉我，母亲还到南开大学帮助他设计过话剧布景，那时他还是个年轻学生。母亲喜欢交朋友，她的热心和健谈是有名的，而又从不以才学傲视于年轻人或有意炫耀，因此，赢得许多忘年之交。母亲活泼好动，和亲戚朋友一道骑毛驴游香山、西山，或到久已冷落的古寺中野餐，都是她最快乐的时光。

母亲不爱做家务事，曾在一封信中抱怨说，这些琐事使她觉得浪费了宝贵的生命，而耽误了本应做的一点对于他人，对于读者更有价值的事情。但实际上，她仍是一位热心的主妇，一个温柔的妈妈。三十年代我家坐落在北平东城北总布胡同，是一座有方砖铺地的四合院，里面有个美丽的垂花门，一株海棠，两株马缨花。中式平房中，几件从旧货店里买来的老式家具，一两尊在野外考察中拾到的残破石雕，还有无数的书，体现了父母的艺术趣味和学术追求。当年，我的姑姑、叔叔、舅舅和姨大多数还是青年学生，他们都爱这位长嫂、长姊，每逢假日，这四合院里就充满了年轻人的高谈阔论，笑语喧声，真是热闹非常。

然而，生活也并不真的那么无忧无虑。三十年代的中国政局，特别是日本侵略的威胁，给父母的精神和生活投下了浓重的阴影。一九三一年，曾在美国学习炮兵的四叔在"一·二八"事件中于淞沪前线因病亡故；"一二·九"学生运动时，我们家成了两位姑姑和她们的同学们进城游行时的接待站和避难所，"一二·一六"那一天，姑姑的朋友被宋哲元的"大刀队"破伤，半夜里血流满面地逃到我们家里急救包扎；不久，一位姑姑上了黑名单，躲到我们家，父母连夜将她打扮成"少奶奶"模样，送上开往汉口的火车，约定平安到达即发来贺电，发生意外则来唁电。他们焦急地等了三天，终于接到一个"恭贺弄璋之喜"的电报，不禁失笑，因为当时我已经三岁了。

然而，这样的生活，不久就突然地结束了。

一九三七年六月，她和父亲再次深入五台山考察，骑着骡子在荒凉的山道上颠簸，去寻访一处曾见诸敦煌壁画，却久已湮没无闻的古庙——佛光寺。七月初，他们居然在一个偏僻的山村外面找到了它，并确证其大殿仍是建于唐代后期（公元八五七年）的原构，也就是当时所知我国尚存的最古老的木构建筑物（新中国成立后，在同一地区曾发现了另一座很小的庙宇，比佛光寺早七十多年）。这一发现在中国建筑史和他们个人的学术生活中的意义，当然是非同小可的。直到许多年以后，母亲还常向我们谈起当时他们的兴奋心情，讲他们怎样攀上大殿的天花板，在无数蝙蝠扇起的千年尘埃和无孔不入的臭虫堆中摸索着测量，母亲又怎样凭她的一双远视眼，突然发现了大梁下面一行隐隐约约的字迹，就是这些字，成了建筑年代的确凿证据。而对谦逊地隐在大殿角落中本庙施主"女弟子宁公遇"端庄美丽的塑像，母亲更怀有一种近乎崇敬的感情。她曾说，当时恨不能也为自己塑一尊像，让"女弟子林徽因"永远陪伴这位虔诚的唐朝妇女，在肃穆中再盘腿坐上他一千年！

可惜这竟是他们战前事业的最后一个高潮。七月中旬，当他们从深山中走出时，等着他们的，却是芦沟桥事变的消息！

战争对于父母来说意味着什么，他们当时也许想得不很具体，但对于需要做出的牺牲，他们是有所准备的。这点，在母亲一九三七年八月回到北平后给正在北戴河随亲戚度假的八岁的姐姐写的一封（奇迹般地保存了下来的）信里，表达得十分明确。母亲教育姐姐，要勇敢,并告诉她,爸爸妈妈"不怕打仗,更不怕日本人",因此,她也要"什么都顶有决心才好"。就这样,他们在日军占领北平前夕,抛下了那安逸的生活、舒适的四合院,带着外婆和我们姐弟,几只皮箱,两个铺盖卷,同一批北大、清华的教授们一道,毅然地奔向了那陌生的西南"大后方",开始了战时半流亡的生活。

昆明

这确是一次历尽艰辛的"逃难"。

一九三七年十一月,我们在长沙首次接受了战争的洗礼。九死一生地逃过了日寇对长沙的第一次轰炸。那情景,在萧乾先生写的《一代才女林徽因》中,曾引用母亲自己的信,做了详尽的描述。

紧接着,在我们从长沙迁往昆明途中,母亲又在湘黔交界的晃县患肺炎病倒。我至今仍依稀记得,那一晚,在雨雪交加中,父亲怎样抱着我们,搀着高烧四十度的母亲,在那只有一条满是泥泞的街道的小县城里,到处寻找客店。最后幸亏遇上一批也是过路的空军航校学员,才匀了一个房间让母亲躺下。这也是战争期间我们家同那些飞行员之间特殊的友谊的开始。旅途中的这次重病对母亲的健康造成了严重损害,埋下了几年后她肺病再次复发的祸根。

一九三八年一月份,我们终于到达了昆明。在这数千公里的逃难中,做出最大牺牲的是母亲。

三年的昆明生活,是母亲短短一生中作为健康人的最后一个时期。在这里,她开始尝到了战时大后方知识分子生活的艰辛。父亲年轻时车祸受伤的后遗症时时发作,脊椎痛得常不能坐立。母亲也不得不卷起袖子买菜、做饭、洗衣。

然而，母亲的文学、艺术家气质并没有因此而改变。昆明这高原春城绮丽的景色一下子就深深地吸引了她。记得她曾写过几首诗来吟咏那"荒唐的好风景"，一首题为《三月昆明》，可惜诗稿已经找不到了。还有两首《茶铺》和《小楼》，在《林徽因诗集》出版时尚未找到，最近却蒙邵燕祥先生从他保留的旧报上找出（披露在甘肃《女作家》一九八五年第四期上）。

大约是在一九三九年冬，由于敌机对昆明的轰炸越来越频繁，我们家从城里又迁到了市郊，先是借住在麦地村一所已没有了尼姑的尼姑庵里，院里还常有虔诚的农妇来对着已改为营造学社办公室的娘娘殿烧香还愿；后来，父亲在龙头村一块借来的地皮上请人用未烧制的土坯砖盖了三间小屋。而这竟是两位建筑师一生中为自己设计建造的唯一一所房子。

离我们家不远，在一条水渠那边，有一个烧制陶器的小村——瓦窑村。母亲经常爱到那半原始的作坊里去看老师傅做陶坯，常常一看就是几个小时。然后沿着长着高高的桉树的长堤，在黄昏中慢慢走回家。她对工艺美术历来十分倾心，我还记得她后来常说起，那老工人的手下曾变化出过多少奇妙的造型，可惜变来变去，最后不是成为瓦盆，就是变作痰盂！（按：很可以想象林徽因惟妙惟肖描述的样子。）

前面曾提到，母亲在昆明时还有一批特别的朋友，就是在晃县与我们邂逅的那些空军航校学员，这是一批抗战前夕沿海大城市中投笔从戎的爱国青年，后来大多数家乡沦陷。在昆明时，每当休息日，他们总爱到我们家来，把母亲当作长姐，对她诉说自己的乡愁和种种苦闷。他们学成时，父亲和母亲曾被邀请做他们全期（第七期）的"名誉家长"出席毕业典礼。但是，政府却只用一些破破烂烂的老式飞机来装备自己的空军，抗战没有结束，他们十来人便全都在一次次与日寇力量悬殊的空战中牺牲了，没有一人幸存！有些死得十分壮烈。因为多数人家在敌占区，他们阵亡后，私人遗物便被寄到我们家里。每一次母亲都要哭一场。

李庄

一九四〇年冬，由于日寇对昆明的空袭日益加剧，营造学社被迫随中央研究院历史语言研究所再度西迁到四川宜宾附近的一个小江村——李庄。这里距扬子江尽处只有三十公里（宜宾以上即称金沙江），而离重庆却有三天的水路，是个名副其实的穷乡僻壤。我们住进了一处篾条抹灰的简陋农舍。艰苦的生活，旅途的劳顿和四川冬季潮湿、阴冷的气候，终于使母亲的旧病恶性发作，卧床不起。而同时父亲脊椎软组织灰质化的毛病也变得越来越严重。

李庄的生活确实是艰难的。家里唯一能给母亲养病用的"软床"是一张摇摇晃晃的帆布行军床；晚上，为了父亲写书和我们姐弟做功课，全家点两盏菜籽油灯，当时，连煤油灯都是过于"现代化"的奢侈品。记得我在这里读小学时，除了冬天外婆亲手做的一双布鞋外，平时都只能穿草鞋。偶尔有朋友从重庆或昆明带来一小罐奶粉，就算是母亲难得的高级营养品了。父亲爱吃甜食，但这里除了土制红糖之外没别的。父亲就把土糖蒸熟消毒，当成果酱抹在馒头上，戏称之为"甘蔗酱"。整个李庄没有一所医院，没有一位正式医生，没有任何药品。家里唯一的一只体温计被我失手打破，大半年母亲竟无法量体温。就是在这样的条件下，她的病情一天天沉重，却得不到像样的治疗。眼看着她消瘦下去，眼窝深陷，面色苍白，几个月的工夫，母亲就失掉了她那一向焕发美丽的面容，成了一个憔悴、苍老，不停地咳喘的病人。

同他们过去的生活相比，李庄的日子真可以说是贫病交加了。然而，就在这样的境遇之下，母亲和父亲并没有被困难所压倒，而是拼上性命，继续坚持着他们的学术事业。抗战开始以来，辗转几千公里的逃难，我们家几乎把全部"细软"都丢光了，但是，战前父亲和营造学社同人们调查古建筑的原始资料——数以千计的照片、实测草图、纪录等等，他们却紧紧地抱在胸前，一张也没有遗失。只有那些无法携带的照相底版，还有一些珍贵的文献，他们在离开北平前，曾经存进了天津一家外国银行的地下保险库，当时以为这是最安全的。不料一九三九年天津大水时，地下室被淹，所存资料几乎全部被毁。这个消息是两年后才传到李庄的。姐姐告诉我，当父亲母亲听到这个不幸的消息时都哭了。就在这几间四面透风的农舍里，父亲同几位共患难的同事，请来当地的木匠，做了几张半原始的白木头绘画桌，摊开了他们的资料，决心着手全面系统地总结整理他们战前的调查成果，开始撰写《中国建筑史》。同时，为了实现他和母亲多年的宿愿，又决定用英文撰写并绘制一部《图像中国建筑史》，以便向西方世界科学地介绍中国古代建筑的奥秘和成就。他和母亲一面讨论，一面用一台古老的、噼啪震响的打字机打出草稿；又和他亲密的助手莫宗江一道，绘制了大量英汉对照注释的精美插图。当时，父亲的颈椎灰质化病常常折磨得他抬不起头来，他就在画板上放一个小花瓶撑住下巴，以便继续工作。而母亲只要稍为好过一点就半坐在床上，翻阅"二十四史"和各种资料典籍，为书稿做种种补充、修改，润色文字。今天，还可以从当年那些用土纸写成的原稿上，看到母亲病中的斑斑字迹。一九四二年冬，父亲和母亲的美国老友，当时的美国驻华大使特别助理费正清（John Fairbank）教授来到李庄看望他们，被他们在如此艰苦的环境中仍坚持学术工作的坚毅精神所深深感动。四十年后，他在"自传"中还专门为此写了一段深情的话（见萧乾先生的文章)。

虽然如此,李庄的四年,大概仍是母亲情绪上最抑郁的时期。战争和疾病无情地击倒了她,而这里又是那样一个偏僻、单调的角落。老朋友们天各一方,难得有一两封书信往还。可以想象,她的心境有时是多么悲凉。但病中的母亲这时更勤奋于学习。她在病榻上读了大量的书。我和姐姐至今还能举出不少当时她读过的书名,这是因为当时她常常读书有感却找不到人交谈,只好对着两只小牛弹她的琴。这时期,她读了许多俄罗斯作家的作品,我记得她非常喜欢屠格涅夫的《猎人日记》,而且要求我也当成功课去读它(那时我只有十二岁),还要我们一句句地去体味屠格涅夫对自然景色的描写;米开朗琪罗传,因为是英文的,我们实在没法子读,她就读一章,给我们讲一章,特别详细地为我们描述了米开朗琪罗为圣彼得教堂穹顶作画时的艰辛。讲的时候很动感情,可能因为米开朗琪罗那种对艺术的执着追求特别引起了她的共鸣。她偶尔也还写诗,但流露的大多是惆怅。在她兴致好的时候,间或喜欢让姐姐和我坐在床前,轻轻地为我们期读她旧日的诗、文,她的诗本来讲求韵律,比较"上口",由她自己读出,那声音真是如歌。她也常常读古诗词,并讲给我们听,印象最深的,是她在教我读到杜甫和陆游的"剑外忽传收蓟北","家祭无忘告乃翁",以及"遥怜小儿女,未解忆长安"等名句时那种悲愤、忧愁的神情。母亲非常擅长朗诵。我记得,还在昆明时期,我大概只是小学二年级,她教我《唐雎不辱使命》,自己读给我和姐姐听。一篇古文,被她读得绘声绘色:唐雎的英雄胆气,秦王前踞而后恭的窘态,听来简直似一场电影。五十年过去了,我仍觉得声声在耳,历历在目。在李庄时,她从中研院历史语言研究所借到过几张劳伦斯·奥列弗的莎剧台词唱片,非常喜欢,常常模仿这位英国名演员的语调,大声地"耳语":"to be or not to be, that is the question!"于是父亲、姐姐和我就热烈鼓掌……她这位母亲,几乎从未给我们讲过什么小白兔、大灰狼之类的故事,除了给我们买了大量的书要我们自己去读之外,就是以她自己的作品和对文学的理解来代替稚气的童话,像对成年人一样地来陶冶我们幼小的心灵。

一九四一年,她非常疼爱的三弟,当时刚从航校毕业不久的空军上尉飞行员林恒,在一次对日机的仓促应战中,牺牲在成都上空。噩耗传到她病榻上的时候,母亲几乎痛不欲生。此后不到两年,昆明那批空军朋友中的最后一名幸存者,也是母亲最喜欢的一个,又在衡阳战役中被击落后失踪了。他们的死在母亲精神上的反响,已不限于对亡故亲人和挚友的怀念感伤。她的悼亡诗《哭三弟恒》可以说不是只给三舅一个人,而是献给抗战前期她所认识的所有那些以身殉国的飞行员朋友的。从中可以看出当时她对民族命运的忧思和对统治当局的责难。

战时"大后方"艰苦、暗淡的生活,腐蚀了许多青年人的意志,使他们动摇、彷徨,想放弃学术事业,有人不想再当穷知识分子,而想走升官发财之路。这一切使母亲写出了她唯一的一首政治诗《刺耳的悲歌》。她在诗中以悲怆的笔调抨击了那些看见别人做了官、发了国难财而眼红的青年人,也抨击了政府骗取青年的爱国热情,征召他们去参加目的可疑的什么"青年军"(抗战后国民党利用"青年军"镇压学生运动、打内战,证明了母亲这个"不问政治"的人政治上的敏感性)。极为可惜的是,那诗稿如今竟已不存!

从母亲一九四四年留下的几首短诗中可以看出,她在李庄的最后两年中心情是多么恶劣、消沉。但这并不仅仅是自身病痛所致,更多的,也许还是出于"长安不见"的忧愁。她这时爱读杜、陆后期的诗词,不是偶然的。在她和父亲身上,常表现出中国汉族读书人的那种传统的"气节"心理。一九四六年,抗战已经胜利,有一次我同母亲谈起四四年日军攻占贵州独山，直逼重庆的危局。我曾问母亲，如果当时日本人真的打进四川，你们打算怎么办？她若有所思地说："中国念书人总还有一条后路嘛，我们家门口不就是扬子江吗？"我急了，又问："我一个人在重庆上学，那你们就不管我啦？"病中的母亲深情地握着我的手，彷佛道歉似地小声地说："真要到了那一步，恐怕就顾不上你了！"听到这个回答，我的眼泪不禁夺眶而出。这不仅是因为感到自己受了"委屈"，更多地，我确是被母亲以最平淡的口吻所表现出来的那种凛然之气震动了。我第一次忽然觉得她好像不再是"妈妈"，而变成了一个"别人"。

抗战胜利那年的冬天，母亲离开了李庄，先在重庆暂住，但她总在想念昆明，特别是那里的老朋友们。四六年春，她终于如愿以偿，带病乘飞机再访昆明，住在圆通山后一座花园里。同老朋友金岳霖、张奚若、钱端升等人的重聚，使她得到了几年来最大的快乐，可惜高原缺氧的昆明对她的肺病却很不利。她在这里，也写了几首小诗。

"一二·一"运动后的昆明，使母亲在政治上有了新的认识。那年三月，我这个初中二年级学生在重庆被哄去参加了反苏游行。母亲知道后，从昆明来信把我狠狠地骂了一顿。说我是上当受骗，当时我还不大服气。这是我们在政治上的第一次交锋。同年八月，我们全家离开了重庆，乘西南联合大学的包机，飞向北平。

九年的战时流亡生活，终于结束了！

重回北平

母亲爱北平。她最美好的青春年华都是在这里度过的。她早年的诗歌、文学作品和学术文章，无一不同北平的血肉相关。九年的颠沛生活，吞噬了她的青春和健康。如今，她回来了，像个残废人似的贪婪地要重访每一处故地，渴望再次串起记忆里那断了线的珍珠。然而，日寇多年的蹂躏，北平也残破、苍老了，虽然古老的城墙下仍是那护城河，蓝天上依旧有白鸽掠过，但母亲知道，生活之水不会倒流，十年前的北平同十年前的自己一样，已经一去不复返了。

胜利后在北平，母亲的生活有了新的内容。父亲应聘筹建清华大学建筑系，但不久他即到美国去讲学。开办新系的许多工作暂时都落到了母亲这个没有任何名义的病人身上。她几乎就在病床上，为创立建筑系做了大量组织工作，同青年教师们建立了亲密的同事情谊，热心地在学术思想上同他们进行了许多毫无保留的探讨和交流。同时，她也交结了复原后清华、北大的许多文学、外语方面的中青年教师，经常兴致勃勃地同他们在广阔的学术领域中进行讨论。从汉武帝到杨小楼，从曼斯斐尔到澳尔夫，她都有浓厚的兴趣和自己的见解。

但是，这几年里，疾病仍在无情地侵蚀着她的生命，肉体正在一步步地辜负着她的精神。她不得不过一种双重的生活：白天，她会见同事、朋友和学生（按：林洙就是在这段时间内，作为梁林大妇多年学生助手程应铨的未婚妻，走入他们的世界的），谈工作、谈建筑、谈文学……，有时兴高采烈，滔滔不绝，以至自己和别人都忘记了她是个重病人；可是，到了夜里，却又往往整晚不停地咳喘，在床上辗转呻吟，半夜里一次次地吃药、喝水、咯痰……。夜深人静，当她这样孤身承受病痛的折磨时，再也没有人能帮助她。她是那样地孤单和无望，有着难以诉说的凄苦。往往越是这样，她白天就越显得兴奋，似乎是想攫取某种精神上的补偿。四七年前后的几首病中小诗，对这种难堪的心境作了描述。尽管那调子低沉阴郁得叫人不忍卒读，却把"悲"的美学内涵表达得尽情、贴切。

一九四七年冬，结核菌侵入了她的一个肾，必须动大手术切除。母亲带着渺茫的希望入了医院。手术虽然成功了，但她的整个健康状况却又恶化了一大步，因为体质太弱，伤口几个月才勉强愈合。

四八年的北平，在残破和冷落中期待着。有人来劝父亲和母亲"南迁"，出国，却得不到他们的响应。抗战后期，一位老友全家去了美国，这时有人曾说"某公是不会回来的了"。母亲却正色厉声地说："某公一定回来！"这不仅反映了她对朋友的了解，也反映了她自己的心声。那位教授果然在新中国成立前不久举家回到了清华园。

一九四八年十二月十三日晚上，清华园北面彻夜响起怆炮声。母亲和父亲当时还不知道，这炮击正在预告着包括他们自己在内的中国人民的生活即将掀开新的一页。

解放军包围北平近两个月，守军龟缩在城内，清华园门口张贴了解放军四野十三兵团政治部的布告，要求全体军民对这座最高学府严加保护，不得入内骚扰。同时，从北面开来的民工却源源经过清华校园，把云梯、杉槁等攻城器材往城郊方向运去。看来，一场攻坚战落在北平城头已难以避免。忧心忡忡的父亲每天站在门口往南眺望，谛听着远处隐隐的炮声，常常自言自语地说："这下子完了，全都要完了！"他担心的，不止是城里亲友和数十万百姓的安危，而且还有他和母亲的第二生命——这整座珍贵的古城。中国历史上哪里有那样的军队，打仗还惦记着保护文物古迹？

然而，他们没有想到，当时中国真还有一支这样的军队！就在四八年年底，几位头戴大皮帽子的解放军干部坐着吉普来到我们家，向父亲请教一旦被迫攻城时，哪些文物必须设法保护，要父亲把城里最重要的文物古迹一一标在他们带来的军用地图上，……。父亲和母亲激动了。"这样的党、这样的军队，值得信赖，值得拥护！"从这件事里，他们朴素地得出了这样一个结论。直到他们各自生命结束，对此始终深信不疑。

解放

解放了。

母亲的病没有起色，但她的精神状态和生活方式，却发生了重大的变化。新中国成立初期，姐姐参军南下，我进入大学，都不在家。对于母亲那几年的日常生活和工作，我没有细致的了解。只记得她和父亲突然忙了起来，家里常常来一些新的客人，兴奋地同他们讨论着、筹划着……。过去，他们的活动大半限于营造学社和清华建筑系，限于学术圈子，而现在，新政权突然给了他们机会，来参与具有重大社会、政治意义的实际建设工作，特别是请他们参加并指导北京全市的规划工作。这是新中国成立前做梦也想不到的事。作为建筑师，他们猛然感到实现宏伟抱负，把才能献给祖国、献给人民的时代奇迹般地到来了。对这一切，母亲同父亲一样，兴奋极了。她以主人翁式的激情，恨不能把过去在建筑、文物、美术、教育等等许多领域中积累的知识和多少年的抱负、理想，在一个早晨统统加以实现。只有四十六岁的母亲，病情再重也压不住她那突然迸发出来的工作热情。

母亲有过强烈的解放感。因为新社会确实解放了她，给了她一个前所未有的、新的、崇高的社会地位。在旧时代，她虽然也在大学教过书，写过诗，发表过学术文章，也颇有一点名气，但始终只不过是"梁思成太太"，而没有完全独立的社会身份。现在，她被正式聘为清华大学建筑系的一级教授、北京市都市计划委员会委员、人民英雄纪念碑建筑委员会委员，她还当选为北京市第一届人民代表大会代表、全国文代会代表……。她真正是以林徽因自己的身份来担任社会职务，来为人民服务了。这不能不使她对新的政权、新的社会产生感激之情。"士为知己者用"，她当然要鞠躬尽瘁。

那几年,母亲做的事情很多,我并不全都清楚,但有几件我是多少记得的。

一九五〇年,以父亲为首的一个清华建筑系教师小组,参加了国徽图案的设计工作,母亲是其中一个活跃的成员。为自己的国家设计国徽,这也许是一个美术家所能遇到的最激动人心的课题了。在中国历史上,这也可能是一次空前绝后的机会。她和父亲当时都决心使我们的国徽具有最鲜明的民族特征,不仅要表现革命的内容,还要体现出我们这文明古国悠久的文化传统。他们曾担心:有人会主张像某些东欧"兄弟国家"那样,来一个苏联"老大哥"国徽的"中国版"。在最初的构思中,他们曾设想过以环形的璧,这种中国古老的形式作为基本图案,以象征团结、丰裕与和平。现在的这个图案,是后来经过多次演变、修改之后才成型的。一九五〇年六月全国政协讨论国徽图案的大会,母亲曾以设计小组代表的身份列席,亲眼看到全体委员是怎样在毛主席的提议下,起立通过了国徽图案的。为了这个设计,母亲做了很大贡献,在设计过程中,许多新的构思都是她首先提出并勾画成草图的,她也曾多次亲自带着图版,扶病乘车到中南海,向政府领导人汇报,讲解,听取他们的意见……。正因为这样,她才会在毛主席宣布国徽图案已经通过时激动地落了泪。

新中国成立初期她所热心从事的另一件工作,是倡导某些北京传统手工艺品的设计改革。当时有人来向她呼吁,要挽救当时已濒于停顿、失传的北京景泰蓝、烧磁等手工业。她对这件事给予了极大的关注,曾和几位年轻的工艺美术工作者一道,亲自到工场、作坊中去了解景泰蓝等的制作工艺,观看老工人的实际操作。然后她又根据这些工艺特点亲自设计了一批新的构图简洁、色调明快的民族形式图案,还亲自到作坊里去指导工人烧制样品。在这个过程中,她还为工艺美院带出了两名研究生。可惜的是,她的试验在当时的景泰蓝等行业中未能推开,她的设计被采纳的不多,市面上的景泰蓝仍维持着原来那种陈旧的图案。

城墙与屋顶

她的主张不邀时赏的,并不仅是这一件。

现在,当我每天早上夹在车和人的洪流中,急着要从阻塞的大街上挤一条路赶去上班的时候,常常不由得回想起五十年代初期,母亲和父亲一道,为了保存古城北京的原貌,为了建设一个他们理想中的现代化的首都而进行的那一场徒劳的斗争。

他们在美国留学的时代,城市规划在资本主义世界还是一种难以实现的理想。他们曾经看到,在私有制度之下,所谓城市规划,最后只能屈从于房地产资本家的意志,建筑师们科学的见解、美妙的构思,最后都湮没在现代都市千奇百怪、杂乱无章的建筑物之中。因此,当新中国成立初期,他们参加了为北京市做远景规划的工作时,心情是极为兴奋的。他们曾经认为,只有在社会主义制度下,当城市的一切土地都是公有的,一切建筑活动都要服从统一的计划时,真正科学、合理的城市规划才有可能实现。

对于北京的规划,他们的基本观点是:第一,北京是一座有着八百多年历史,而近五百年来其原貌基本保存完好的文化古城,这在全世界也是绝无仅有的。北京的原貌本身就是历代劳动人民留给我们的无价珍宝。而它又是一座"活的"城市,现代人仍然生活于其中,仍在使用和发展着它,但现代人只负有维护古都原貌,使之传诸久远的义务,而没有"除旧布新",为了眼前的方便而使珍贵古迹易容湮灭的权利。第二,他们认为,原北京城的整个布局,是作为封建帝都,为满足当时那样的需要而安排的,它当然不能满足一个现代国家首都在功能上的要求。而如果只着眼于对旧城的改建，也难以成功。他们根据国外许多历史名城被毁的教训，预见到如果对北京城"就地改造"，把大量现代高层建筑硬塞进这古城的框框，勉强使它适应现代首都的需要，结果一定是两败俱伤：现代需要既不能充分满足，古城也将面目全非，弄得不伦不类，其弊端不胜枚举。然而，这些意见却遭到了来自上面的批驳。于是，他们只好眼睁睁地看着北京城一步步地重蹈国外那些古城的命运。那些"妨碍"着现代建设的古老建筑物，一座座被铲除了，一处处富有民族特色的优美的王府和充满北京风味的四合院被拆平了，而一幢幢现代建筑，又"中心开花"地在古城中冒了出来。继金水桥前三座门、正阳门牌楼、东西四牌楼、北海"金鳌玉蛛"桥等等被拆除之后，推土机又兵临"城"下，五百年古城墙，包括那被多少诗人画家看作北京象征的角楼和城门，全被判了极刑。母亲几乎急疯了。她到处大声疾呼、苦苦哀求，甚至到了声泪俱下的程度。她和父亲深知，这城墙一旦被毁，就永远不能恢复，于是再三恳请下命令的人高抬贵手，刀下留城，从长计议。然而，得到的回答却是：城墙是封建帝王镇压人民对抗农民起义的象征，是"套在社会主义首都脖子上"的一条"锁链"，一定要推倒！又有人动员三轮车（如此落后的交通工具！）工人在人民代表大会上"控诉"城门、牌楼等等如何阻碍交通、酿成车祸，说什么"城墙欠下了血债"！于是母亲和父亲又提出了修建"城上公园"、多开城门的设想，建议在环城近四十公里的宽阔城墙上面种花植草，放置凉棚长椅，利用城门楼开办展览厅、阅览室、冷饮店，为市区居民开辟一个文化休息的好去处，变"废"为利。（按：现在学院路上建立在元大都城墙上的土城公园即为此例。）然而，据理的争辩也罢，激烈的抗议也罢，苦苦的哀求也罢，统统无济于事。母亲曾在绝望中问道：为什么经历了几百年沧桑，解放前夕还能从炮口下抢救出来的稀世古城，在新中国的和平建设中反而要被毁弃呢？为什么我们在博物馆的玻璃橱里那么精心地保存起几块出土的残砖碎瓦，同时却又要亲手去把保存完好的世界唯一的这处雄伟古建筑拆得片瓦不留呢？

说起母亲和父亲对待古建筑的立场，我便不能不提到对于"大屋顶"的批判问题，这个批判运动虽然是在母亲去世之后，针对父亲的建筑思想开展的，但这种建筑思想历来是他们所共有的，而且那批判的端倪也早已见于解放之初。这表面上虽是由经济问题引出来的，但实质上却是新中国的新建筑要不要继承民族传统，创造出现代的民族形式的问题。对于这个重大课题，母亲和父亲出于他们自幼就怀有的深厚的爱国主义感情，早在留学时期便已开始探索。他们始终认为，现代建筑的材料与结构原则，完全有可能与中国古代建筑的传统结构有机地结合起来，从而创出一种新的，富有中国气派的民族风格。他们经过反复思考，明确否定了几十年来风行于世界各地的"玻璃盒子"式，或所谓"国际式"的建筑，认为它们抹杀了一切民族特征，把所有的城市变得千城一面；他们也反对复古主义，反对造"假古董"。早在三十年代初，母亲在为《清式营造则例》所写的"绪论"中就已经告诫建筑家们"虽须要明了过去的传统规矩，却不要盲从则例，束缚自己的创造力"。但是在民生凋敝的旧中国，他们一直缺乏实践机会。这方面的摸索，直到新中国成立后才有可能开始。母亲确曾说过，屋顶是中国建筑最具特色的部分，但他们并没有把民族形式简单地归结为"大屋顶"。五十年代前期各地出现的建"大屋顶"之风，是对民族形式的一种简单的模式化理解，或者说是一种误解或曲解，决不符合父亲和母亲的真正主张。而且当时那种一哄而起，到处盖房子都要搞个大屋顶的做法，正是四十多年来我们在各个领域都屡见不鲜的一哄而起和攀比作风的早期表现，是不能完全由父亲和母亲这样的学者来负责的。五十年代前期，在追求所谓"民族形式"的浪潮中出现的不少建筑，的确不仅在经济上，而且在建筑艺术上都很难说是成功的，然而当时那些不由分说的批判，确实曾深深地伤害了他们从爱国主义立场出发的，科学上和艺术上的探索精神，把他们终身遵循的学术信念和审美原则一下子说得一钱不值，大谬不然，这不能不使他们（母亲去世后，主要是父亲）感到极大的惶惑。继对电影《武训传》的批判之后，对"大屋顶"的批判，在以简单粗暴方式对待学术思想问题方面，也在知识界中开了一个极坏的先例。母亲去世很早，没有来得及看到在批判"大屋顶"的同时北京冒出来的那一批俄罗斯式的"尖屋顶"，更没有看到后来会有这么多他们所最恼火的"国际式"高层玻璃盒子，有些上面还顶着个会转圈的"罐头盒屋顶"，以"锷未残"之势，刺破着碧空下古城原有的和谐的建筑天际线；也没有看到在被拆毁的古城墙遗址边上，又长出了那么一排排玻璃与水泥构筑的灰黯的"新式城墙"，否则，她定会觉得自己作为建筑家而未能尽到对历史的责任，那种痛苦我是完全可以想象的。

尽瘁

在新中国成立初期那些年紧张的实际工作中，母亲也没有放松过在古建筑方面的学术研究。其中最重要的一项，就是她和父亲以及莫宗江教授一道，在初步学习了马克思主义的理论之后，将他们多年来对中国建筑发展史的基本观点，做了一次全面的检讨，并在此基础上写出了《中国建筑发展的历史阶段》这篇长文（载一九五四年第二期《建筑学报》），第一次尝试着以历史唯物主义作为指导思想，重新回顾从远古直到现代中国建筑发展的整个历程，开始为他们的研究工作探求一个更加科学的理论基础。

在那几年里，母亲还为建筑系研究生开过住宅设计和建筑史方面的专题讲座。每当学生来访,就在床褥之间,"以振奋的心情尽情地为学生讲解,古往今来,对比中外,谑语雄谈,敏思遐想,使初学者思想顿感开扩。学生走后,常气力不支,卧床喘息而不能吐一言"(吴良镛、刘小石:《梁思成文集·序》)。这里我想特别指出,母亲在建筑和美术方面治学态度是十分严谨的,对工作的要求也十分细致严格,而绝没有那种大而化之的"顾问"作风。这里,我手头有两页她的残留信稿,可以作为这方面的一个例证。为了不使我的这份记述成为空洞的评议,这里也只好用一点篇幅来引录信的原文,也可以算是她这部文集的一个"补遗"吧。一九五三年前后,由北京文物整理委员会编,人民美术出版社出版的《中国建筑彩画图案》,请她审稿并作"序",她对其中彩图的效果很不满意,写信提出了批评,其最后几段如下:

……

(四)青绿的变调和各彩色在应用上改动的结果,在全梁彩色组合上,把主要的对比搅乱了。例如将那天你社留给我的那张印好的彩画样子和清宫中太和门中梁上彩画(庚子年日军侵入北京时由东京帝国大学建筑专家所测绘的一图)正是同一规格,详细核对,比着一起看时,就很明显。原来的构图是以较黯青绿为两端箍头藻头的主调来衬托第一条梁中段,以朱为地,以彩色"吉祥草"为纹样的枋心,和第二条梁靠近枋心的左右梁,红地吉祥草的两段藻头。两层梁架上就只点出三块红色的主题,当中再隔开一道长而细的红色垫板,全梁青绿和朱的对比就清清楚楚明明白白,一点也不乱。

……

从花纹比例上看,纹样细致如丝织品上纹路,产生细密如锦的感觉，非常安静；不像这次所印的那样粗圆，大线路被金和白搅得热闹嘈杂异常的效果。绿线两色调和相处，它们都是中国的矿质颜料的色调，不黯也不跳，白色略带蜜黄，不太宽也不突出。在另外一张彩画上看到籍头两旁所用的（图样）纹样和刘同志等所画的效果上也大不相同，它们是细密的如少数民族的边锦织纹。大约是在比例上被艺人们放大了，所以效果那样不同。总而言之，我曾留下的那一张的确是"走了样的"，和玺椀花结带与太和门中梁上一样格式的彩画图案。因为上述各种的差异结果变成五彩缤纷，宾主不分，有人说是"八仙过海，各显其能"，聒噪喧腾，一片热闹而不知所云。从艺术效果上说确是失败的"走样"的例子。

从这段信中，不仅可以看出她对自己的专业的钻研是怎样地深入细致，而且还可以看到，她在用语言准确而生动地表述形象和色彩方面，有着多么独到的功夫（这本大型专业参考工具书后于一九五五年出版）。

母亲在生命的最后时刻所参与的另一项重要工作，是人民英雄纪念碑的设计和建造。这里，她和父亲一道，也曾为坚持民族形式问题做过一番艰苦的斗争，当时他们最担心的，是天安门前建筑群的和谐，会被某种从苏联"老大哥"那里抄得来的青铜骑士之类的雕像破坏掉。母亲在"碑建会"里，不是动口不动手的顾问，而是实干者。五三年三月她在给父亲的信中写道：

"我的工作现时限制在碑建会设计小组的问题，有时是把几个有限的人力拉在一起组织一下，分配一下工作，技术方面讨论如云纹，如碑的顶部；有时是讨论应如何集体向上级反映一些具体意见，作一两种重要建议。今天就是刚开了一次会，有阮邱莫吴梁连我六人，前天已开过一次,拟了一信稿呈郑副主任和薛秘书长的,今天阮将所拟稿带来又修正了一次。今晚抄出大家签名明天可发出(主要①要求立即通知施工组停扎钢筋,美工合组事难定了,尚未开始,所以②也趁此时再要求增加技术人员加强设计实力,③反映我们对去掉大台认为对设计有利,可能将塑型改善,而减掉复杂性质的陈列室和厕所设备等等,使碑的思想性明确单纯许多)。……"除了组织工作,母亲自己又亲自为碑座和碑身设计了全套饰纹,特别是底座上的一系列花圈。为了这个设计,她曾对世界各地区、各时代的花草图案进行过反复对照、研究,对笔下的每一朵花,每一片叶,都描画过几十次、上百次。我还记得那两年里,我每次回家都可以看到她床边的几乎每一个纸片上,都有她灵感突来时所匆匆勾下的某个图形,就像音乐家们匆匆记下的几个音符、一句旋律。

然而,对于母亲来说,这竟是一支未能完成的乐曲。

从五四年入秋以后,她的病情开始急剧恶化,完全不能工作了。每天都在床上艰难地咳着,喘着,常常整夜地不能入睡。她的眼睛虽仍然那样深邃,但眼窝却深深地陷了下去,全身瘦得叫人害怕,脸上见不到一点血色。

大约在五五年初,父亲得了重病入院,紧接着母亲也住进了他隔壁的病房。父亲病势稍有好转后,每天都到母亲房中陪伴她,但母亲衰弱得已难于讲话。三月三十一日深夜,母亲忽然用微弱的声音对护士说,她要见一见父亲。护士回答:夜深了,有话明天再谈吧。然而,年仅五十一岁的母亲已经没有力气等待了,就在第二天黎明到来之前,悄然地离开了人间。那最后的几句话,竟没有机会说出。

北京市人民政府把母亲安葬在八宝山革命烈士公墓,纪念碑建筑委员会决定,把她亲手设计的一方汉白玉花圈刻样移做她的墓碑,墓体则由父亲亲自设计,以最朴实、简洁的造型,体现了他们一生追求的民族形式。

十年浩劫中，清华红卫兵也没有放过她。"建筑师林徽因之墓"几个字被他们砸掉了，至今没有恢复。*林徽因墓今已修复。作为她的后代，我们想，也许就让它作为一座无名者的墓留在那里更好？

母亲的一生中，有过一些神采飞扬的时刻，但总的说来，艰辛却多于顺利。她那过人的才华施展的机会十分短暂，从而使她的成就与能力似不相称。那原因自然不在于她自己。

在现代中国的文化界里，母亲也许可以算得上是一位多少带有一些"文艺复兴色彩"的人，即把多方面的知识与才能——文艺的和科学的、人文学科和工程技术的、东方和西方的、古代和现代的——汇集于一身，并且不限于通常人们所说的"修养"，而是在许多领域都能达到一般专业者难以企及的高度。同时，所有这些在她那里都已自然地融会贯通，被她娴熟自如地运用于解决各式各样的问题，得心应手而绝无矫揉的痕迹。不少了解她的同行们，不论是建筑界、美术界还是文学界的，包括一些外国朋友，在这一点上对她都是钦佩不已的。

谈起外国朋友，那么还应当提到，母亲在英文方面的修养也是她多才多艺的一个突出表现。美国学者费正清夫妇一九七九年来访时曾对我说："你妈妈的英文，常常使我们这些以英语为母语的人都感到羡慕。"父亲所写的英文本《图像中国建筑史》的"前言"部分，就大半出自母亲的手笔。我记得五十年代初她还试图用英文为汉武帝写一个传，而且已经开了头，但后来大概是一个未能完成的项目。

总之，母亲这样一个人的出现，也可以算是现代中国文化界的一种现象。一九五八年一些人在批判"大屋顶"时，曾经挖苦地说："梁思成学贯中西，博古通今……古文好，洋文也好，又古又洋，所谓修养,既能争论魏风唐昧,又会鉴赏抽象立体……"这些话,当然也适用于"批判"母亲,如果不嫌其太"轻"了一点的话。二十世纪前期,在中西文明的冲突和交汇中,在中国确实产生了相当一批在不同领域中"学贯中西、博古通今",多少称得上是"文艺复兴式"的人物。他们是中国文化在特定历史条件下的产物。他们的成就,不仅光大了中国的传统文明,也无愧于当时的世界水平。这种人物的出现,难道不是值得我们中国人骄傲的事吗?在我们中华文明重建的时候,难道不是只嫌这样的知识分子太少又太少了吗?对他们的"批判",本身就表示着文化的倒退。那结果,只能换来几代人的闭塞与无知。

新中国成立后,母亲只生活了短短六年时间,但她的思想感情确实发生了巨大的变化。这是因为,当时的新政权曾以自己的精神和事业,强烈地吸引了她,教育了她。以她那样的出身和经历,那样的生活和思想方式,而能在短短几年里就如此无保留地把自己的全部信任、智慧和精力都奉献给了这新的国家、新的社会,甘愿为之鞠躬尽瘁,又是那样恳切地决心改造自己旧的世界观,这确是一件发人深省的事。许多人曾对我说过:你母亲幸亏去世得早,如果她再多活两年,"反右"那一关她肯定躲不过去。是的,早逝竟成了她的一种幸福。对于她这样一个历来处世真诚不欺,执着于自己信念的人,如果也要去体验一下父亲在后来的十几年中所经历过的一切,那将会是一种什么局面,我简直不敢想象。"文革"期间,父亲是在极度的痛苦和困惑中,顶着全国典型"反动学术权威"的大帽子死去的。我只能感谢命运的仁慈,没有让那样的侮辱和践踏也落到我亲爱的母亲身上!

一九五五年,在母亲的追悼会上,她的两个几十年的挚友——哲学教授金岳霖和邓以蛰联名给她写了一副挽联:

一身诗意千寻瀑，
万古人间四月天。

父亲曾告诉我，《你是人间的四月天》这首诗是母亲在我出生后的喜悦中为我而作的，但母亲自己从未对我说起过这件事。无论怎样，今天，我要把这"一句爱的赞颂"重新奉献给她自己。愿她倏然一生的追求和成就，能够通过这本文集，化作中国读书人的共同财富，如四月春风，常驻人间！

一九八五年四月北京第一稿
一九八六年四月北京第二稿
一九九一年四月北京再改

跋

方　晶

二〇一四年是诗人、建筑学家林徽因先生诞辰一百一十周年。一些单位、团体和个人纷纷借此机会以各种方式纪念这位才女。虽然在文学、建筑等领域多有建树,但她曾长期被世间遗忘;直到二十世纪八十年代中期,人民文学出版社才出版了第一本林徽因的作品集——《林徽因诗集》。自此,与她相关的图书逐渐面世,她又回到了热爱她的读者中间,她的才华和美丽又被众人所关注。

我的丈夫梁从诫一直深深怀念他的母亲林徽因。我们的国家结束了多年动荡之后,终于迎来了改革开放的春天。人们有了回忆、反思的可能。也就是在此时,从诫开始回顾母亲对他一生的关爱和影响。百忙之中,他深情写下了三篇从不同角度回忆、介绍林徽因的文章。在几乎全力投入环境保护事业的一九九九年,他又挤出时间,整理出版了两卷本《林徽因文集》,初步实现了长期埋藏在心底的夙愿。

从诫一定会感到欣慰的是,在他的母亲诞辰一百一十周年之际,我们决定对他所编的《林徽因文集》进行修订、增补。这也是他生前期盼已久但却未能完成的事情。

此次新版文集更名为《林徽因集》。严格说来，这部文集的面世是多方努力的结果；但它在编辑原则和体例上，依然遵循从诫的原意，书中使用的主要资料是从诫生前编理好的，一些新增篇目也是从诫生前曾经拟定的；因此，我们仍说这部文集是梁从诫所编。

较之从诫所编旧版《林徽因文集》，新版《林徽因集》主要有以下特点：一、增收了近年来发现的林徽因文学、建筑、美术方面的文字、作品。二、增收了部分书信，书信原文系英文的，均排入英文原文，与译文对照；有些书信，为便于阅读，附录了对方来函。三、增收了大量林徽因生平照片，林徽因文学、建筑、美术手稿和书信手稿原件照片。四、将旧版文集的"文学卷"分为"诗歌、散文卷"和"小说、戏剧、翻译、书信卷"；将旧版文集的"建筑卷"分为"建筑、美术卷"，"建筑、美术卷"又分上下两册，故整部文集为三卷四册。

《林徽因集》所收作品，产生于作者所生活的年代，其中部分字、词、标点的写法和文句的表达有别于今天的惯例。为了尊重历史，除明显错讹之处外，一仍其旧，未做改动；更正字用"[ ]"标示，补充字用"〈 〉"标志。林徽因原稿或载有林徽因作品的报刊中无法识别的字词，则以"□"代之。

作为从诫的妻子，我努力按照我所知道的他的原意对林徽因的作品进行再次梳理，我与王一珂先生密切合作，力求把新版林集做好。可以说，新版《林徽因集》较之旧版文集更加丰厚、严谨、完善，也是目前行世的最完备的本子。我的工作是为了完成从诫的心愿，为了告慰从诫和他母亲的在天之灵，也是为了那么多热爱和怀念着他们的读者。

此书的整理和编辑得到了多方支持和帮助。林洙为"建筑、美术卷"提供了大量图片资料，提出了宝贵建议；梁再冰订正了文集图片的注释；吴荔明提供了部分照片；于葵提供了部分照片以及林徽因书信部分的英文原稿，并对其进行了整理核对；沈龙珠、沈虎雏先生提供了林徽因与沈从文的照片及书信原稿；崔勇先生提供了林徽因勘察天坛的照片；陈学勇先生提供了林长民和林徽因的部分资料，并对书信部分所附林长民致林徽因的一批函件进行了细致的校勘注释，我们从他所编的《林徽因文存》中汲取了可资借鉴的宝贵经验；中国社会科学院近代史所提供了林徽因与胡适的照片及书信手稿；中国现代文学馆提供了林徽因的部分书信手稿；清华大学建筑学院和人民美术出版社对新版《林徽因集》的整理提供了帮助。王一珂先生的工作贯穿始终，事无巨细，他和他的同事们为此书的出版付出了艰辛的努力。在此，谨表诚挚的谢意。

二〇一四年六月

增订说明

《林徽因集（增订本）》刊载了一批过去从未结集的林徽因作品与影像，更有部分书信、照片首次公开，它们按类分别收入在"诗歌、散文""小说、戏剧、翻译、书信"和"建筑、美术"卷中。此次增订，同时调整了部分作品的排序，纠正了旧版若干讹误。整部林集，汇合了以梁从诫先生为代表的梁思成、林徽因家属以及许多专家、学者和相关单位的集体力量与智慧。

《林徽因集（增订本）》的出版是对林徽因先生的纪念，也是对中国大百科全书出版社的前辈编辑、学者梁从诫先生的纪念。在此特别鸣谢林洙、梁再冰、吴荔明、杨友麒、于葵、常沙娜、陈宇、陈学勇、沈龙珠、沈虎雏、刘畅、王南、崔勇及中国社会科学院近代史所、中国文化遗产研究院、中国现代文学馆、清华大学建筑学院、首都图书馆、上海艺术品博物馆、人民美术出版社等个人和单位。

中国大百科全书出版社
二〇二二年六月